ソーシャルワークとは何か

バイステックの7原則と社会福祉援助技術

武田 建・津田 耕一 著

SOCIAL WORK

誠信書房

目次

5章　積極的アプローチ——122

・注 本書では、社会福祉や医療の現場でのケアワークもソーシャルワークの視点が必要との観点に立って書き進めてあります。また、福祉専門職を総称して「ワーカー」と表記し、福祉サービスの利用者および患者を「クライエント」と表記しています。

なお、本書の事例に登場する氏名は全て仮名を使用しています。

序章　援助関係を土台としたソーシャルワーク

「ケースワークの原則」で有名なバイステック（Felix P. Biestek）が提唱した七つの原則は、ワーカーがクライエントとより良い援助関係を形成するための重要な考えが示されています。この援助を目的としたワーカーとクライエントの関係を**専門的援助関係**といいます。そして、この専門的援助関係を土台として**援助**が展開されているのです。序章では、専門的援助関係の重要性とバイステックの7原則が、わが国の社会福祉や医療の現場で働くワーカーが援助を行う上で非常に参考になることを説明します。

1. バイステックの7原則

▼バイステックの本との出会い

1980年代の初頭、筆者（津田）が大学で社会福祉を勉強し始めた頃、ゼミの先生から、一冊の本を紹介されました。F・P・バイステック著、田代不二男・村越芳男訳『**ケースワークの原則―よりよき援助を与えるために**』（誠信書房、1965）でした。それは、社会福祉を学ぶ学生の必読書で、筆者は、当時この本を読んで大変感銘を受けました。ケースワークの基本であるワーカーとクライエントとの専門的な援助関係の重要性とより良い援助関係を形成するための七つの原則が具体的に記述されていて、7原則のそれぞれが新鮮で、社会福祉を学ぶ者にとって重要な内容だったからです。

バイステックの唱えた7原則は、その内容から「ケースワークの7原則」あるいは「バイステックの7原則」とも言われています。その後この本は、尾崎新・福田俊子・原田和幸によって『**ケースワークの原則〔新訳改訂版〕―援助関係を形成する技法**』（誠信書房、2006）として新たに翻訳し直され、現在も多くの人に親しまれています。

当時筆者は、障害者福祉に関心を抱いていて、障害のある方たちとかかわる仕事に就きたいと考えていました。ことばによるコミュニケーションが難しい方たちと共に生活するということに自分なりの意義を見出そうとしていました。バイステックの本は、とかく忘れ去られ隅に置かれがちな障害者や高齢者に対して、その人たちと向き合い、その人たちの立場に立った関係作りを行なうことの大切さを教えてくれたのです。しかし、今振り返ってみると、学生時代は「バイステックの7原則は大切だ」と漠然と感じていたにすぎませんでした。

その後、身体障害者の作業所（現在は障害福祉サービスの就労継続支援B型事業所）に就職しました。最初の数年間は無我夢中で、大学で学んだ社会福祉やケースワークの知識や技術を意識することはほとんどありませんでした。仕事に慣れることと目の前の問題に対処することで精いっぱいだったのです。また、大学で学んだケースワークは、障害者施設や事業所を想定した内容ではなく、医療機関、クリニックといった相談機関での場面がほとんどだったのです。筆者が勤務する障害者施設には当てはまらないのではないかと思っていました。

数年が経過したある日、偶然**バイステックの7原則**について書かれてある文章を読む機会がありました。その中には、社会福祉施設のクライエント支援においてバイステックの7原則がなぜ重要なのか、そして、7原則それぞれについて、どのように活用すればよいのかが記載されていました。そのとき筆者は、少なからずショックを受けると同時に、内から湧き上がる何かを感じました。それは、大学で学んだ理論は実践とは別物だと勝手に思い込んでおり、大学での学びを活かしきれていなかったことへの反省とバイステックの7原則は**障害者や高齢者施設でも十分活用可能**なのだという希望とが混在した感情だったのです。

福祉現場で数年働いていたからこそ、このような感情を抱いたのだと思います。まさに、福祉現場でモヤモヤとしたものを感じつつ閉塞状態に陥り、そこから抜け出したいという思いを抱いていた時期だったのです。そのようなときに、バイステックの7原則と再会したのです。

筆者は、もう一度バイステックの7原則を読み返し、自分の職場に当てはめて、改めてクライエントとのより良い援助関係について考えてみました。毎日の仕事に満足できず、消化不良に陥り、前に進めず立ち止まっていた状態の中、改めて7原則に触れたことで、すっきりした何かを感じたからです。担当しているクライエント支援を展開してゆく中で、援助関係を形成してゆくことにとどまらず、援助過程そのものが極めて重要だということも分かったのです。そして、バイステックの7原則を意識した関係づくり、クライエントとのかかわりを心掛けました。すべて上手く事が運んだわけではありませんが、筆者個人の想いだけでは難しいことが、7原則を意識することで、随分とクライエントとの関係づくりや支援の展開に役立ちました。

▼バイステックと7原則

では、バイステックとはどのような人だったのでしょうか。また、7原則の背景にどのようなものがあるのでしょうか。バイステックは、米国の首都ワシントンDCのカトリック大学でソーシャルワーク修士と博士の学位を取得しています。キリスト教のイエズス会の司祭、つまり神父です。

同じカトリック系のロヨラ大学の社会福祉大学院の教授を30年以上も勤めました。

つまりバイステック自身が司祭であり、本の中にキリスト教の考えが随所に出てくるのです。むしろ、キリスト教の考えが根底にある本だといっても過言ではありません。キリスト教では神と人間との契約が基本にあり、バイステックもこの考えに沿って7原則を説明しています。この本が発行された時代背景を考えてみると、白人が優位にあった米国社会を反映しているともいえます。

したがって、バイステックの7原則は、無条件にわが国に受け入れられているわけではなく、いくつか問題も指摘されています。キリスト教を背景にした考えはわが国には馴染みにくく、7原則だけ取り出して、わが国の社会福祉に当てはめるのは限界があるのかもしれません。根底にあるキリスト教を理解しておかないと、7原則を活かすことができないということもいえるでしょう。

またバイステックの原則は、このほかにも心理学の影響を強く受け過ぎているといった問題点も指摘されています。そして、米国社会と日本社会、米国人と日本人との違いを考慮しないといけないという指摘などがあります。米国の当時の社会福祉の事情や米国人という国民性を土台に提唱された7原則を、ほぼ直輸入のように日本の社会福祉現場、日本人に当てはめることへの疑問です。社会福祉の事情や時代背景が異なり、国民性も異なっています。にもかかわらず、そのまま当てはめようとすることへの疑問なのです。

しかし一方、ケースワークはその歴史をたどってみると、キリスト教の影響を強く受けていることは事実でしょう。わが国ではキリスト教が根付いている英米のケースワークやソーシャルワークを受け入れ、わが国の実態に応じた取り組みをしようとしています。このように考えると、バイステックの本にあるキリスト教の考えは、対人援助に携わる上での重要な内容が多くあり、キリスト教の考えと対人援助の原理とは共通していることも多いといえるのでしょう。バイステックの原則が援助関係の形成に大変有効であることは、多くの人が認めているところです。そこで本書では、バイステックの7原則を批判的に捉えるというよりも、現代のわが国のケースワークにどのように活用してゆけばよいのかといった観点から書き進めていきます。

2. 援助関係とは

▼援助関係の重要性

『ケースワークの原則』として有名なこの書籍の原著のタイトルは、“*The Casework Relationship*”です。直訳すると、『ケースワーク関係』となります。ワーカーがクライエントと良好な援助関係を形成してゆく7原則について説明した書籍です。バイステックは、ケースワークを展開してゆく上で、専門的な援助関係が極めて重要であるとの認識から本書を著したのでしょう。

バイステックは、「援助過程全体」が援助の身体であるとしたら、「援助関係」は魂であるとしています。そして援助関係は、援助過程全体に生命を与える基礎であり、援助を生き生きとしたものにするための出発点で、援助過程そのものに流れをつくる水路の役割を果たしている、と述べています。援助関係は、援助の効果を高める上で必要不可欠な要素であり、良好な援助関係が形成できなければ援助過程も生命を失くしてしまうとしています。言い換えると、良好な援助関係の形成が援助過程に生命を吹き込むものであり、援助過程全体と援助関係が一体となって援助そのものが展開されてゆくといえます。

バイステックは、援助関係が重要であることはいくら強調してもよいと述べています。なぜこれほどまでに援助関係を重視したのでしょうか。それは、ワーカーとクライエントとの間で営まれるさまざまな関係こそが、人間の真の幸福と大きく関係しており、良好な人間関係こそが幸福をもたらし、一方で貧しい人間関係は不幸をもたらすと考えていたからです。

ケースワークは、クライエントの生活上の問題に深くかかわっています。クライエントのニーズに沿った援助を展開してゆくには、クライエントはワーカーに対して心を開き、自分自身や家族の個人情報を提供したり、生活上の問題や悩みを話したりしなければなりません。また、自分の素直な想いを表現し、ワーカーと共有しなければなりません。このことができてはじめて、クライエントの生活の背景を踏まえた援助を展開することができるのです。クライエントのさまざまな生活状況や悩みなどの個人情報をさらけ出すには、クライエントとワーカーとの間にそれができる人間関係を形成しなければなりません。

さらに、ことばによるコミュニケーションを取ることが難しい重度知的障害者などは、ことば以外のさまざまな態度、表情などで想いを発信しています。信頼できないワーカーに対しては、緊張関係があるため、クライエントは想いを表現しないでしょう。しかし、信頼できるワーカーに対しては、安心でき、自然にことば以外のコミュニケーションを介して想いを表現できるようになるのです。このように、クライエントとワーカーの援助を目的とした人間関係、すなわち「援助関係」が極めて重要となるのです。

▼援助関係の意味と目的

では、ケースワークにおける援助関係とはどのようなものなのか説明していきます。生活のさまざまな悩みや困難を抱えたクライエントがワーカーに援助を求めたとしても、ワーカーにさまざまな不安や戸惑いの感情を抱くこともあるでしょう。このようなクライエントにワーカーが機械的、事務的に淡々と援助を行なったとしてもうまくことが運びません。

クライエントがワーカーに悩みや困りごとを打ち明けたり援助を求めたりするには、ワーカーといると安心できる、自分の想いを理解してくれる、自分を大切に思ってくれる、このワーカーなら私を支えてくれる、このワーカーなら委ねることができるなど、**ワーカーに対する安心感と信頼感を抱く**ことが何よりも大切なのです。そこで、ワーカーは、クライエントが抱く不安や戸惑いを感じ取り、軽減するように努めなければなりません。やがてクライエントは、ワーカーのこのような態度を感じ取ってゆきます。ワーカーがクライエントのさまざまな想いとしっかりと向き合い、真摯に対応してゆくことによって信頼関係が深まってくるのです。

援助を目的としたワーカーとクライエントとの間で行き来するさまざまなやり取りを通して営まれる**ワーカーとクライエントの関係が援助関係**なのです。そして、良好な援助関係が形成されて、**効果的な援助が展開**されるのです。

バイステックは、ケースワーク（援助）過程全体は、クライエントの生活上の悩みや困難を軽減するという援助を目的としているのに対し、援助関係は援助を効果的に開始することが当面の目的であるとしています。つまり、クライエントが援助過程に安心感をもって参加していけるような雰囲気や環境をつくり、援助を効果的に開始するための援助関係が必要不可欠だと考えました。

したがって黒川昭登が述べているように、援助関係は、ワーカーの個人的な愛情や好意といったワーカーの好みの方法で恣意的につくられるものではなく、**社会的、公共的なもの**なのです（黒川、１９８６）。援助目的に沿って意図的につくられた関係であることから、**専門的援助関係**（平岡、１９８８）ともいわれています。

▼ワーカーとクライエントとの関係形成

バイステックが考えたワーカーとクライエントとの関係形成の過程をもう少し具体的に説明しましょう。バイステックは、さまざまな悩みや困難を抱えたクライエントには個々の違いはあるが、援助を求めるときに共通に持っている人間としての基本的な七つのニーズが生じていると見なしました（**表序－１**参照）。このクライエントのさまざまな想いがワーカーを刺激し、二人の間で大き

表序-1　援助関係における相互作用

第1の方向：クライエントのニード	第2の方向：ケースワーカーの反応	第3の方向：クライエントの気づき	各原則の名称
ひとりの個人として迎えられたい			1　クライエントを個人として捉える（個別化）
感情を表現し解放したい			2　クライエントの感情表現を大切にする（意図的な感情の表出）
共感的な反応を得たい			3　援助者は自分の感情を自覚して吟味する（統制された情緒的関与）
価値ある人間として受けとめられたい	ケースワーカーはクライエントのニーズを感知し、理解してそれらに適切に反応する	クライエントはケースワーカーの感受性を理解し、ワーカーの反応に少しずつ気づきはじめる	4　受けとめる（受容）
一方的に非難されたくない			5　クライエントを一方的に非難しない（非審判的態度）
問題解決を自分で選択し、決定したい			6　クライエントの自己決定を促して尊重する（クライエントの自己決定）
自分の秘密をきちんと守りたい			7　秘密を保持して信頼感を醸成する（秘密保持）

〔バイステック『ケースワークの原則』新訳改訂版、尾崎新他訳、2006、p. 27〕

く三つのことが取り交わされると考えたのです。

第1に、**クライエントは、自分の抱える問題や弱さをワーカーに打ち明けなければなりません。**その際に、「ワーカーは話を聴き、温かく、きめ細かく対応してくれるだろうか」「私を価値ある存在として尊厳をもって接してくれるだろうか」「私のことを冷たくあしらわないだろうか」「私を失敗者と決めつけないだろうか」「私の望んでいないことを強く要求しないだろうか」「私の秘密を他人に漏らさないだろうか」といった多くの恐れや不安を抱きます。

第2に、**ワーカーはクライエントの基本的ニーズや感情を感じ取り、その意味を理解し、適切に反応します。**「私はあなたをひとりの人間として尊重します」「あなたを裁くつもりはありません」「あなたが自分で選択、決定できるよう援助したいと思っています」といった態度で返します。そして、クライエントがワーカーのこれらの態度を感じ取ってくれるように期待するのです。その際にことばに頼るのではなく、態度を通してクライエントに伝えようとします。なぜなら、クライエントを尊重する態度を示したり、理解しようとする努力を示したりするなら、クライエントはそれを直感的に感じ取るからです。そうでなければ、クライエントは自分を尊重してくれる態度に欠けるワーカーだと感じるからです。

第3に、**クライエントはワーカーが自分を尊重してくれる態度に気づき始め、そのことをワーカーに態度を通して伝え返してゆきます。**クライエントは、ワーカーが自分の恐れや不安を理解しようとしてくれていること、そして自分を受けとめ、非難することはないと気づき、「安心して自由に話ができる」「とても気分が楽になる」といった想いをワーカーに表現するようになります。

このようなクライエントとワーカーとのやり取りは、ワーカーとクライエントが互いに響き合うように進んでゆく生き生きとした活気に満ちたやり取りであり、援助過程の全体と深くかかわっているのです。

クライエントは、ワーカーに信頼を寄せることができるなら、心を開いて悩みを打ち明けたり、援助に必要な内容であれば、知られたくない家庭事情や経済状況、本音を話したり、助けを求めたりするようになるでしょう。このことによって、的確なアセスメントが可能となり、援助を正しい方向に導いてゆくことにつながっていきます。

そしてバイステックは、良好な援助関係を形成するためにワーカーが守るべき七つの原則を提唱したのです。7原則は、ワーカーの援助行動に何らかの影響や指針を与え、ワーカーとしての行動を導くものだと述べています。この七つの原則が、〝ケースワークの7原則〟あるいは〝バイステックの7原則〟と呼ばれているものです。

援助関係の重要性は、リッチモンド[*1]の時代以降議論されてきましたが、その意味を説明し、定義し、分析して7原則を打ち出したところに、バイステックの功績があると言えるでしょう。

ケースワークを中心に発展した社会福祉の対人援助は、ソーシャルワーク実践においても同様で、ワーカーとクライエントとの専門的援助関係が重要であることは言うまでもありません。本書では、ケースワークに限定せず、広くソーシャルワークにおいても専門的援助関係が不可欠である

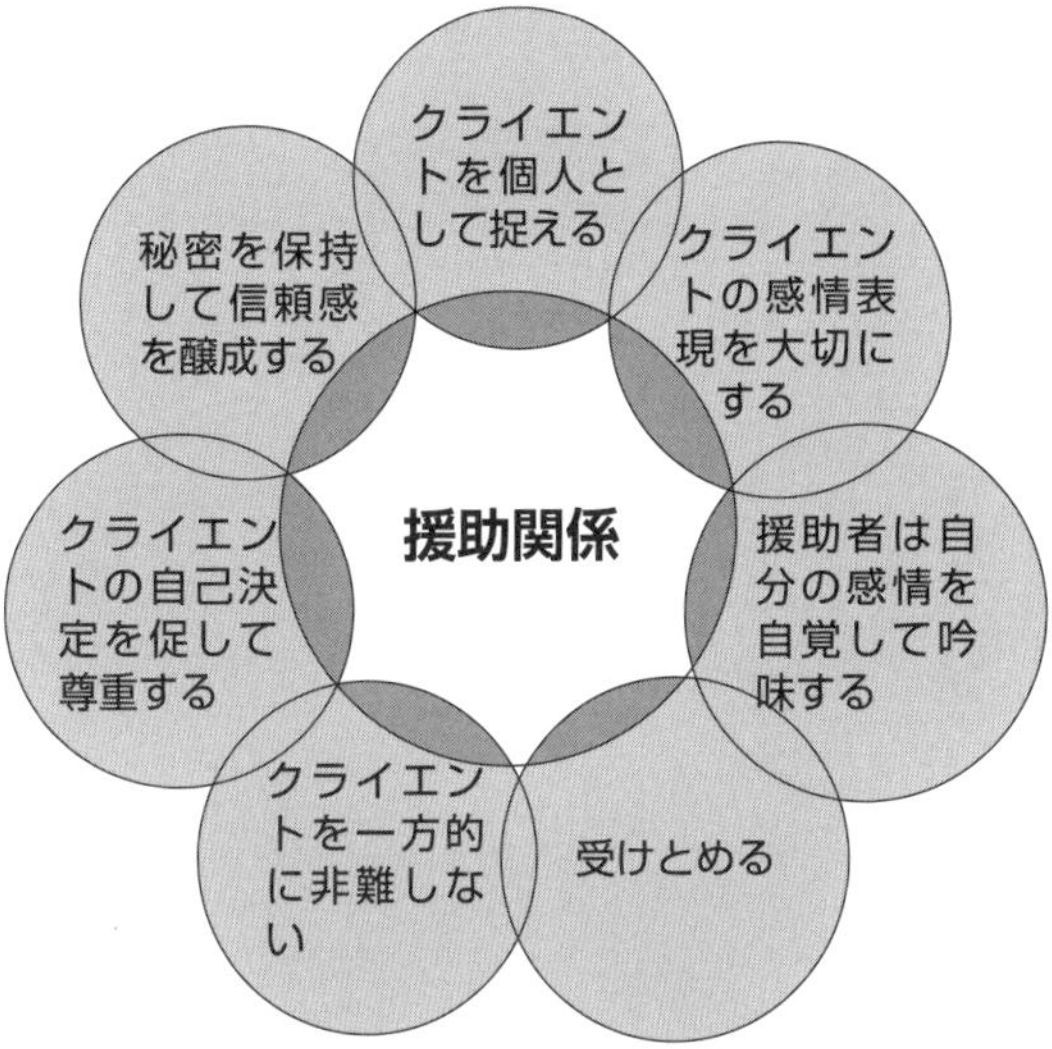
援助関係
クライエントを個人として捉える
クライエントの感情表現を大切にする
援助者は自分の感情を自覚して吟味する
受けとめる
クライエントを一方的に非難しない
クライエントの自己決定を促して尊重する
秘密を保持して信頼感を醸成する

図序-1　バイステックの７原則の相互関係

ことを前提として対人援助について述べてゆきます。

▼関連し合う7原則

　バイステックの7原則の内容については次章で詳しく説明しますが、七つの原則はそれぞれが単独で存在するものではありません。各原則がつながったり、重なり合ったりするところがあります（**図序－1**参照）。クライエントを個人として捉え、クライエント固有の感情表現を大切にし、ワーカーはクライエントの想い、考え、行動を一方的に非難するのではなく、受けとめて、適切な対応をすることが求められています。その際、ワーカーはクライエント

＊1　リッチモンド：Richmond, M. E. 1861-1928 米国における慈善組織協会運動のすぐれた実践家・指導者・理論家として活動し、ケースワークを最初に体系づけた（『社会福祉辞典』誠信書房、１９７４年より）。

の一時的な感情に惑わされることなく、クライエントの想いを引き出し、尊重し、どう冷静に対応するべきかを整理します。そして、クライエントの家庭状況や生活状況、経済状況などを外部に漏らしてはいけません。まさに、7原則のどれ一つ欠けても不十分だということが分かると思います。

また、クライエントを個人として捉えるということは、クライエントに固有の感情があるので、その感情を表現してもらうことです。表現された感情を受けとめ、一方的に非難するのではなく、冷静に受けとめてゆくことが求められます。複数の原則が重なり合っているのです。

このように、ひとりのクライエントに対し、複数の原則を有効に関連づけながら活用していくことで、良好な援助関係の形成へとつながってゆきます。ある原則だけを重視しても、他の原則を無視していては、良好な援助関係とはなりません。

バイステックが唱えた7原則は、今日のわが国の社会福祉情勢や社会福祉援助の考えの中にあっても十分活用可能です。１９９０年代後半の社会福祉基礎構造改革以降、個人の尊重、個人の尊厳、クライエントの意思の尊重、クライエント本位、対等な関係、個別支援といったことが強調されています。約60年前に書かれた書籍にもかかわらず、個別化、意図的な感情の表出、受容、自己決定の尊重といった現代社会福祉で改めて強調されている内容がすでに提唱されていることに驚きます。

▼援助過程を通して深まる援助関係

援助関係の形成は、ケースワークの当面の目的であることは先ほど述べました。それが援助の初期の重点課題であることに間違いありませんが、ワーカーとクライエントの援助関係は、援助開始後すぐに深まって形成されるとは限りません。筆者の経験からすると、援助を展開しつつ、何年もかけて援助関係が深まってゆくことの方が多かったと思います。むろん、短期間である程度の信頼関係は醸成されているのかもしれません。しかし、本当にクライエントがワーカーを信頼し、心から自分のことをさらけ出すには時間がかかるのではないでしょうか。

筆者の経験からも、ある出来事をきっかけに急速にクライエントとの関係が深まったと感じたこともありました。クライエントの生活上の問題に真摯に対応したワーカーの姿勢や取り組み、態度に間近に触れたクライエントが、ワーカーへの信頼を強めていったのかもしれません。またあるとき、これまでクライエントが口にしなかった過去の出来事を語り始め、クライエントへの人としての理解がさらに深まったこともありました。まさに、普段からのワーカーのクライエントに対する姿勢や態度を通して関係が深まってゆくということかもしれません。

しかし何をもって、どのような状態になったら援助関係が形成されたといえるのか、と問われると難しい問題です。ワーカーが一方的に援助関係は形成されたと思い込んで、一歩踏み込んだかかわりをした途端、クライエントから拒否されることもあります。クライエントはまだ十分ワーカーに心を開いていないこともあるので注意が必要です。いったん深まった援助関係も、あることを

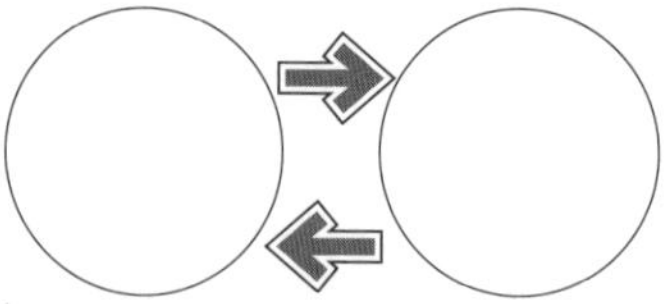

1. 最初は無関係だが、援助という目的のために双方のやり取りが開始される。

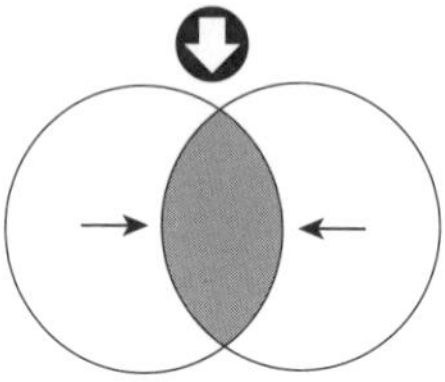

2. 徐々に援助関係が深まる。

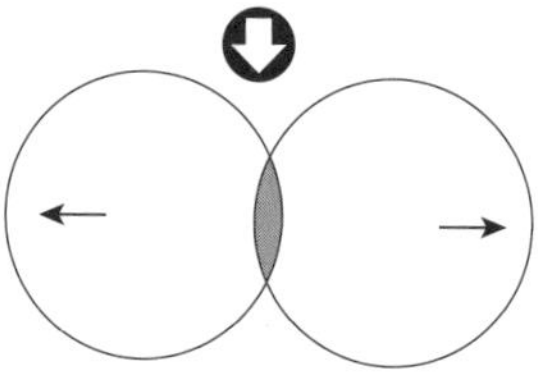

3. 深まったはずの援助関係が弱まる。

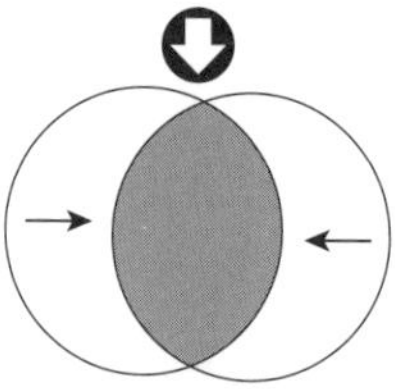

4. ワーカーの真摯な対応で援助関係が再度深まり、より強固なものになる。

5. 3～4 の繰り返しを通してさらに強固な援助関係となる。

図序-2　援助関係の深さ　　[津田作成]

きっかけに弱くなることもあるかもしれません。逆にある出来事をきっかけに急に深まってゆくこともあります。クライエントとワーカーの援助関係の形成は、目に見えて測定できるものではありません。まさに、ワーカーとクライエントとのやり取りを通して、**一進一退を繰り返しながら、援助関係を深め形成してゆくもの**といえるでしょう（**図序-2**）。

3. 援助関係を土台とした援助の展開

一方、援助全体の過程は、援助関係だけで成り立つものではありません。先ほど述べたように、援助関係は援助を効果的に開始することが当面の目的です。しかし、いくら良好な援助関係を形成していても、そこから先に進まなければ、クライエントの生活状況の改善につながらないのです。対人援助の専門性を考えると、クライエントの人権尊重・個人の尊厳・利益優先といった**ソーシャルワークの価値**やワーカーの**職業倫理**が根底にあります。また、人間は主体的・能動的存在であり、無限の可能性や潜在的能力を有する存在であるといった人間観に基づいています。そして、クライエントが可能性や潜在的能力を発揮できるよう関わっていくエンパワーメントの考えが重要とされています。

バイステックも、**援助関係は、人間が価値ある存在であり尊厳をもった存在であるという確信から生まれた概念**であると説明しています。社会的地位や身分、能力、生活歴、人間性などと関係な

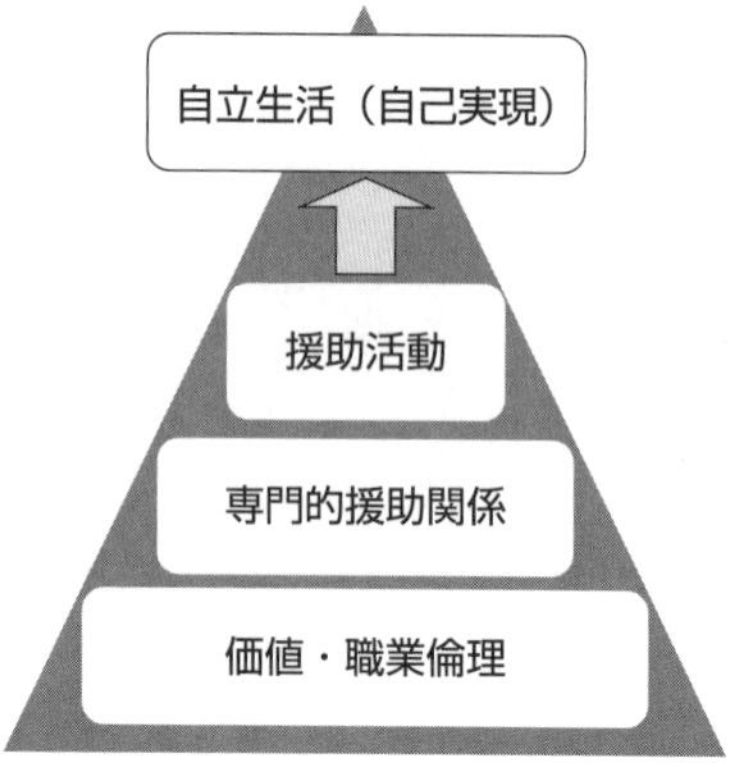

図序-3　クライエント援助の構造［津田作成］

く、いかなる人間も人間としての尊厳や価値を有していると考えています。現代の社会福祉の人権思想に深く共通しているといえるでしょう。

ソーシャルワークには、ソーシャルワークの価値やワーカーの職業倫理、援助関係を土台として、ワーカーによる具体的な援助活動を通してクライエントの生活上の問題を解決・軽減するという大きな目的があります。つまり、クライエントの自分らしさを発揮できる自立した（自己実現）生活を援助してゆくことが求められています。**図序－3**に示したように、価値・職業倫理、専門的援助関係、援助活動といった三つの大きな柱によって、援助が成り立っているといえるでしょう。

1章　バイステックの7原則

バイステックの7原則は、ワーカーとクライエントとのより良い援助関係を形成するための原則です。1章では、専門的援助関係を形成するための7原則の意味と内容について主にバイステックの著書から紹介します。

まず、7原則をより分かりやすくするために、ある事例を紹介します。脳血管障害により右片麻痺で言語障害のある宮野良太さん（男性、50歳代前半）と障害者支援施設の相談員の旭さん、介護職員の松原さんとのかかわりの様子です。読者は、ご自身の職場のクライエントを念頭に置きながら読み進めて下さい。

〔事例〕　宮野さんは、ある大手の電機メーカーに30年近く勤め、営業部の責任あるポストに就いていました。妻と大学生の娘と高校生の息子の4人暮らしです。ある日の朝、脳血管障害で倒れ、病院に救急搬送されました。一命は取り留めたものの、右片方が麻痺となり、言語障害も見られ、退院後すぐに在宅への復帰は難しく、障害者支援施設に入所し、生活介護事業のサービスを利用することとなりました。

1. クライエントを個人として捉える（個別化）

人間は、生まれながらに持っている特性や特質がある一方で、さまざまな経験を通してその人固有の価値観や思考、感情が育まれています。また、心身の状態や病気の状態も一人ひとりその症状は異なっています。さらに、家族・親せき、友人との関係や住んでいる家の造り、職場環境など、その人を取り巻く環境も一人ひとり異なります。当然、同じような状況であっても、人によってもののの考え方や具体的な行動は異なっています。

クライエントは、**その人固有の問題を抱えた独自の存在**です。援助に対するニーズも異なっています。クライエントは援助を受ける（福祉サービスを利用する）にあたって、大勢の中の一人として扱われるのではなく、個人としてかかわってもらいたいというニーズがあります。**クライエント一人ひとりに応じた援助**を行なうことが大切です。

ところが、少し仕事に慣れてきたワーカーは、クライエントと対面する前に、事前の資料（年齢、家族構成、心身の症状、要介護度、障害支援区分など）に目を通した時点で、これまでの経験から、頭の中で援助の内容をイメージしてしまいがちです。むろん、同じような状況下にあるクライエントに共通の特性や特徴は見られます。しかし、同じような状況に思えても、一人ひとりのクライエントの状況や想いは同じではなく、必要とされる福祉サービスも異なっています。

さらに、疾病や障害特性からクライエントをひと括りに見てしまうということもよく見聞きします。たとえば、「認知症の人は○○だ」といった具合です。むろん、認知症という疾病や障害には特性があり、これらのクライエントに見られる共通性も多くあります。障害や疾病特性を理解した上でのかかわりは極めて重要であることに間違いはありません。しかしワーカーは、クライエントが認知症である前にひとりの人間であるということを決して忘れてはいけません。

クライエントが事前の資料だけで判断されたり、「認知症の人はみんな○○だ」とひと括りにされたりするとどうなるでしょう。本人から、「他の人と同じにしないで！」といった声が聞こえてきそうです。

バイステックは、**クライエントがワーカーから個人として認められていると感じたり、自分の問題を理解されていると感じたりすることができるならば、自ら援助関係に参加してくるであろう**と述べています。そして、援助関係形成において、クライエントを個人として捉えることを極めて重要視しています。

〔事例へのコメント〕　宮野さんが入所した障害者支援施設は、主に身体介護の必要な身体障害のある方が利用する入所施設です。施設内での生活ですので、基本的にすべてのクライエントに同じサービスが提供されます。しかし、入所施設で生活するクライエントは、自分自身の身体のこと、家族との関係に関すること、住み慣れた地域を離れて施設に移ったこと、施設生活に期待することなど、一人ひとり異なっているのではないでしょうか。宮野さんも他のクライエントとは違ったさまざまな想いがあるはずです。さらに、これまで何十年と生活して出来上がった生活リズムや習慣、嗜好があるはずです。施設の画一的なプログラムに合わせることに抵抗があるでしょう。他の誰でもない、私は私なのです。クライエント自身のニーズに沿った個別の支援を願っているのです。クライエントは、一律に扱われるのではなく、自分自身の置かれている状態や想いを理解してもらえていると思うからこそ、ワーカーに信頼を寄せるのではないでしょうか。

相談員の旭さんや介護職員は、宮野さんを介護の必要な身体障害者としてではなく、宮野さんの個別性を尊重したかかわりを心掛けました。個別化の最たるものが名前です。固有名詞といわれるように、名前はその人そのものを表わしています。そこで、相談員の旭さんは、宮野さんと話をするときは必ず名前を呼んで、宮野さんと話をしているのですよ、ということを意識的に行ないました。そして宮野さんの想いをしっかり聴き、宮野さんという人を理解しようと努めました。

2. クライエントの感情表現を大切にする（意図的な感情表出）

人間は、理性的な存在であると同時に、本能やさまざまな感情を持ち合わせています。そして、理性と本能や感情のバランスが保たれていることが大切なのです。しかし、人によっては人生のどん底に突き落とされた状況に陥ることもあります。このようなときには理性を失い、情緒や感情がその人の心を支配し、混乱状態が強ければとても不安定な状態になってしまいます。**調和のとれた情緒的な生活が重要**なのですが、欲求が満たされないと欲求不満が生じ、人格形成や今後の生活に悪い影響を及ぼしてしまいます。

クライエントが援助を必要とする理由はさまざまですが、クライエント自身、これまでの生活とは一変し、なぜこのようなことになってしまったのか、これからどうしたら良いのかといったやり場のない気持ちや怒り、そして不安な気持ちを抱いていることでしょう。**クライエントには自分自身の感情、とりわけ否定的な感情を表現したいというニーズ**があります。ワーカーには、クライエントのこのような感情を抑え込むのではなく、クライエントがうまく表現できるように助けるためのかかわりが必要です。

ワーカーがクライエントの**感情表現**を妨げたり非難したりするのは、クライエント全体を否定することに繋がります。クライエントが感情を表現しなければ、表面的なやり取りに終わってしまい、ワーカーはクライエントの本当の想いを知ることはできません。一方、クライエント自身も感情を表現できないままでいると不安や不満がたまったままの状態で、ワーカーに対する不信感が募ったままの状態が続き、自ら問題解決に向かおうとはしません。当然、適切な援助に繋がりません。こうしたやり場のないさまざまな想いや怒りを吐き出してもらうことで、理性とのバランスが保たれ、次の段階に進むことができるのです。**クライエントの感情表現は、クライエント自ら問題解決に向かう原動力**だとバイステックは述べています。

ワーカーはクライエントに、「否定的な感情も含め、さまざまな感情を抱くのは当然ですよ」「そうした感情を表現してもよいのですよ」と伝えてゆきましょう。そして、クライエントの話にしっかりと耳を傾けましょう。また、表情、しぐさ、動作といった非言語のメッセージにも関心を払い、クライエントの感情を読み取る努力をしましょう。クライエントの感情表現を大切にするというのは、単にクライエントのうっぷん晴らしではありません。あくまで援助という目的のために、クライエントが感情をうまく表現できるように導いてゆくのです。クライエントが不必要な不安を抱かないように、自由に感情表現できるように、環境づくりを行なうことが大切なのです。

〔事例へのコメント〕　宮野さんは、自宅で倒れて脳血管障害によってそのまま右片麻痺となりました。勤めていた会社も退職し、経済状況も苦しくなる一方です。家族に迷惑をかけ、申し訳ないという想いとどうすることもできない苛立ちが混じり合い、自暴自棄になっています。施設では相談員の旭さんや松原さんなど介護職員にもほとんど口を開きません。たまに口を開くことがあっても、それは大声で、「ワーカーの介護の仕方が悪い！」といったことくらいでした。ワーカーは、このような宮野さんに嫌がりながら接するのではなく、あるがままに受け入れて温かく接しました。自暴自棄になり、心を開かないのは、宮野さんの辛い想いを表現するメッセージだと介護職員は解釈しました。宮野さんのモヤモヤした想いをまずは吐き出してもらおうと考えたのです。腫れ物に触るようにするのではなく、宮野さんというひとりの人に敬意をもって接することを介護職員は心掛けました。

3. 援助者は自分の感情を自覚して吟味する
(統制された情緒的関与)

クライエントとワーカーのかかわりは、コミュニケーションだといえます。コミュニケーションはことばによるもの、ことば以外の非言語によるものが絶えず混じり合っています。しかもコミュニケーションは、クライエントとワーカーの双方向による知識やさまざまな感情のやり取りによって成り立っています。

クライエントは、ワーカーとのコミュニケーションを通して、自分の気持ちや自分の立場を分かって欲しいと思っているでしょう。そこでワーカーは、クライエントがさまざまな感情を表現するのを促しつつ、その感情を感じ取り（感受性）、その意味を理解し、適切な反応を示してゆかなければなりません。

クライエントは、ことばだけでなく非言語を通してさまざまな感情を表現しています。そのメッセージをまずは感じ取りましょう。そして、クライエントの感情にはどのような意味があるのかをクライエントの生活上の問題と関連付けて理解しましょう。さらに、理解した内容を踏まえ、適切な反応を示していきます。

クライエントはワーカーに**否定的な態度や感情**をぶつけてくることもあります。しかしこれは、クライエントのいたたまれない感情表現であることが多いのです。ワーカーは、クライエントのこうした言動に惑わされてはいけません。クライエントに否定的に接したり、同情したりするのではなく、冷静に落ち着いて、クライエントのさまざまな感情に適切に対応してゆきましょう。

ワーカーの反応は態度によってそのことが伝われば十分なのです。ワーカーがクライエントの感情を受け取り、その意味をしっかり理解することで、ワーカーの態度を通してクライエントにそのことが伝わってゆくのです。バイステックは、**ワーカーの「心の中」をきちんと通過したときに反応は意味をもつ**としています。いくらことばで、「あなたの気持ちはよく分かる」「きっとつらいよね」と言ったとしても、ワーカー自身が十分クライエントの感情を受け取ることができず、理解できていなければ、クライエントはワーカーの取り繕ったことばを見抜いてしまうでしょう。クライエントはそのような反応しかできないワーカーに対して信頼を寄せることはないでしょう。

むろん、ワーカーが感じ取り理解したことをことばで伝えることもあります。そのような場合は、ワーカーが感じ取り理解した内容と発することばとが一致していなければなりませんし、伝える目的とどのようなことばを選ぶのかをしっかりと吟味しなければなりません。

一方、ワーカーもクライエントと同様、生身の人間です。当然、理性と感情を持ち合わせています。ワーカーは、クライエントのさまざまな欲求や感情に適切に対応するには、**ワーカー自身の欲求や感情を自覚していることが大切**です。なぜなら、自分自身の欲求や感情と異なる欲求や感情をクライエントが表現した場合でも、冷静に受けとめることができるようになるためです。ワーカーである自分とは別の人格をもつクライエントをひとりの人として認めることで、自分とは異なる欲求や感情に惑わされたり自分の欲求や感情に流されたりせず、クライエントの欲求や感情として冷静に受け取ることができるのです。

そこでワーカーは、次のことに取り組むことが求められてきます。まず、**自分自身をよく知ること**が大切です。自分はどのような考えを大切にしているのか、どのような考えを好ましくないと思っているのか、どのような欲求を抱いているのか、どのようなときにどのような感情を抱くのかなど振り返ってみましょう。これによって、**自分自身を冷静に見つめることができ、ワーカー個人の価値観や感情に流されることなくクライエントの話を聞くことができる**ようになります。

次に、**人間理解のためのさまざまな知識を身につけましょう。**幅広い人間理解があってはじめて、クライエントという人を理解することができるのです。心理学や社会学などの学問以外にも小説や映画、幅広い対人交流を通して身につけていくことができます。

さらに、実際のクライエントとのやり取りを振り返ってみましょう。実際の場面では目の前のクライエントとのやり取りでいっぱいの状態になっていたかもしれません。ときには、「忙しい時間帯に無理難題を押し付けてくる！」といらいらして、冷たい態度やきつい口調で話しかけることもあるでしょう。しかし、時間をおいて冷静にクライエントとのやり取りを振り返ることで、適切な対応につながってゆくことでしょう。

「あの時は、つい、いらいらしてきつい口調（冷たい態度）になってしまったが、今冷静に考えると、大人気《おとなげ》なかった、もっと違った対応ができたのではないか」といったことです。そして、「今後同じような場面に遭遇したときは○○のように対応してゆこう」とあらかじめシミュレーションするとよいでしょう。必ずしもすぐにうまくいくとは限りませんが、意識することが大切です。きっといつかうまくゆくでしょう。

一方、バイステックは述べていませんが、ワーカーはクライエントとのかかわりの中で**ストレス**がたまることもあります。そのようなときは、ストレスをそのままためておくのではなく、発散することも必要です。発散の仕方は人それぞれだと思います。他の人に話を聞いてもらう、休日は仕事を忘れて趣味などに没頭する、といったことも大切です。

〔事例へのコメント〕　宮野さんは、介護職員の介護の仕方が悪い、誰も自分のことを分かってくれないと大きな声を出し、感情をあらわにします。介護職員は一生懸命かかわっているのですが、このような宮野さんの言動を受け入れ難いのも事実でしょう。しかし、旭さんや介護職員は、宮野さんの自暴自棄の発言に惑わされることなく、宮野さんのいたたまれない想いを感じ取り、その意味はどのようなものかを理解するよう努めました。介護職員に対する非難は、実は介護職員に対する不満ではなく、このような事態に陥りどうすることもできないことへの苛立ちであることが分かってきました。そこで、宮野さんの介護職員への非難の声に動じることのないよう、冷静に接してゆきました。

4. 受けとめる〔受容〕

人間はみな、生まれながらに尊厳を持っており、価値ある存在なのです。ところが、何かに失敗したり、弱い部分があったり、他の人に依存せざるを得なくなったりすると、他の人から軽蔑されたり差別されたりして、**人としての尊厳や価値をないがしろにされてしまう**ことがあります。クライエントは、さまざまな生活上の問題を抱えているとはいえ、自分自身を価値ある人間、尊厳ある人間として受けとめられたいというニーズがあります。ワーカーは、クライエントの強い側面・弱い側面、好感のもてる考えや態度・好感のもてない考えや態度、肯定的感情・否定的感情などありのままの現実の姿を受けとめてゆくのです。受けとめるとは、単にクライエントの話を聴くということではなく、**クライエントの困難な立場や状況を理解する**ことです。

受けとめるということばを英語で表記すると「accept」となります。このことばを人に対して用いる場合、尊敬の念にもとづいて人に対応するということを意味しています。クライエントを受けとめるには、まず、クライエントをひとりの人として尊厳を有し、価値ある存在であるということをしっかり認識しなければなりません。

しかし、ありのままのクライエントを受けとめるということは、クライエントの逸脱した行為や態度そのものまでを許容したり容認したりするということではありません。他者の権利利益を侵害するような行為は許されるものではないのです。ワーカーはクライエントに対する尊敬の念を保ちつつ、クライエントがなぜそのような想いに至ったのか、辛い想い、悔しい想い、残念な想いを受けとめてゆくのです。

クライエントは、自分自身のさまざまな感情を表現したいというニーズがある一方で、表現するのをためらっていることも多いようです。**ワーカーがクライエントのありのままの姿を受けとめるという姿勢**を続けることで、クライエントはやがて自分自身の感情を表現することに安心感をもつようになり、殻を打ち破り、ありのままの自分の姿や感情を表現するようになります。クライエントはワーカーから受けとめられていると感じることで、自尊心を失うことなく感情表現ができ、援助がスムーズに進んでゆくのです。

〔事例へのコメント〕介護職員は、自暴自棄に陥っている宮野さんが何を訴えたいのか、想いはどのようなものかを理解するために、宮野さんとのかかわりについていろいろと検討を重ねました。宮野さんのさまざまな態度や感情を表現してもらうことでその想いを知ることができるのではないかと考えたのです。そこで、腫れ物に触るようなかかわりをするのではなく、また、批判的にかかわるのでもなく、敬意を払いつつ共感的態度で接し、しっかりと受けとめていきました。徐々にではありますが、宮野さんは介護職員に対して心を開いてゆくようになりました。

5. クライエントを一方的に非難しない〔非審判的態度〕

先ほど、ワーカーはクライエントを受けとめることが重要だと述べました。ワーカーは、クライエントの行なったことに対して善し悪しの判断を下したり、一方的に非難したりしてはいけません。むろん、クライエントの態度や行なったことをすべて肯定するということではありません。**ク**

ライエントの行なったことを客観的に評価することは大切です。しかし、人を裁くのは司法の世界が行なうことです。ケースワークでは、罪を憎むことをしても罪を犯した人を憎むものではない、という考えにもとづいています。

ワーカーからすると、クライエントの行なったことは明らかに判断を誤っていると考えたり、今の困難な状況に陥ったのは自業自得だと思ったり、ときには、クライエントの行なったことは許されないことだと思ったりするかもしれません。このような想いを抱くのは当然かもしれません。しかし、そのような想いはワーカーのクライエントに対する姿勢や態度を通してクライエントに伝わってしまいます。

クライエントは、援助を求めるにあたって、これまでの自分自身の考えや行なってきたことを非難されるのではないかという不安や恐れを抱いていることが多いと思います。非難されたり裁かれたりすることは、クライエントにとってとても辛いことです。当然、自分自身を守ろうという想いが働きます。これではクライエントが自分自身のおかれている状況やなぜ物事がうまくゆかなかったのかを客観的に見つめることができなくなってしまうでしょう。

クライエントは、ワーカーから一方的に非難されたり叱責されたりしたくないという気持ちでいるでしょう。そこで、**クライエントは、ワーカーから受容的な態度で接してもらい、一方的に非難されない関係を経験**すれば、防衛的な態度をとる必要のないことを理解し、自分を生きる価値のある人間であると認めることができるようになります。そして、ワーカーに信頼を寄せ、ありのままの自分を表現することが可能となり、問題の本質に立ち向かってゆくことができるのです。

〔事例へのコメント〕　宮野さんが表現したことばやしぐさ、表情が介護職員には疑問を感じることもあります。しかし、せっかく宮野さんは自分の想いを表現し始めたのです。一方的に否定すると、想いを表現しなくなるかもしれません。介護職員間で話し合いを行ない、宮野さんの否定的なことばや表情、しぐさ、態度などのメッセージを一方的に非難せず、まずは想いを受けとめることを心掛けました。そして、宮野さんが否定的な感情を抱くようになった経緯を理解するように努め、介護職員が理解した内容を伝えるよう心掛けました。一方で、宮野さんの明らかに逸脱した行動については、きっぱりと、「他の方に迷惑になるので慎んで下さい」と伝えるようにしました。

6．クライエントの自己決定を促して尊重する
（クライエントの自己決定）

クライエントの人生・生活はクライエント自身のものです。決してワーカーや関係者のものではありません。**クライエントは自分自身のことを自分で選択し、決定したいというニーズがありま**

す。クライエントがどのような生活を送りたいのか、どのような援助を求めたいのかは**クライエント自身が決めてゆくべきこと**です。つまり、クライエントの生活はクライエント自身が主人公なのです。そこで、クライエントが自己決定できるように促し、尊重することが大切となります。

ワーカーは、知らず知らずのうちに自分の価値観をクライエントに押し付けていることがあります。「クライエントの○○さんはこうあるべきだ」「このほうが良いに決まっている」と思い込んでいないでしょうか。クライエントのためを思っていても、ワーカーの想いを優先させていないでしょうか。振り返ってみる必要があります。

一方、重度の知的障害や認知症など、自己決定が難しいと思われるクライエントもいます。クライエントの能力を超えた自己決定を強要することは禁物です。しかし、自己決定できないと決めつけてしまうことも好ましくありません。この原則は、**クライエントは生まれながらにして自己決定を行なう能力を有している**という考えにもとづいています。**クライエントの可能性を確信する**というワーカーとしての倫理観を心得ておくべきです。**決してあきらめてはいけません**。クライエントは自己決定できない人だと決めつけてしまうと、そのことが態度や姿勢を通してクライエントに伝わってしまいます。さらに、クライエントの自己決定を尊重したかかわりができなくなり、ワーカーが多くをお膳立てするといったワーカー主導の援助になってしまいます。そうすると、クライエントは依存的になったり、受け身の姿勢になったりします。

日常生活の小さなことであっても、クライエントから発信されている**わずかなメッセージを読み**

取る努力をしましょう。そして、そのわずかなメッセージを感じ取ったら、それにできるだけ応えてゆきましょう。このような**クライエントの自己決定を促すようなかかわりをワーカーが行なう**ことが何よりも大切なのです。このようなワーカーの態度がクライエントの主体性を育んでゆくといえるでしょう。

いずれにしても、ワーカーは一人ひとりのクライエントについて、どの程度の自己決定が可能なのか、どのような援助があれば自己決定につなげてゆくことができるのかをしっかりと見極めてゆくことが大切です。

一方で、クライエントの自己決定した内容をワーカーが受け入れることのできない場合も生じてきます。クライエント自身が不利益を被る場合、他者に対して不利益をもたらすような場合は、クライエントの自己決定には従えないこともあるでしょう。このような場合は、クライエントの自己決定権が制限されることは言うまでもありません。

〔事例へのコメント〕　宮野さんは、徐々に介護職員に心を開き始め、いろいろな会話をするようになりました。施設内の日中のプログラムにも時々ですが、参加しています。日中のプログラムに強制的に参加させるようなかかわりをするのではなく、宮野さん自身が参加したいときに参加したいプログラムだけに参加すればよいのです。決められたプログラムを強制されるのではなく、自分で選んでゆくのです。介護職員は、日中のプログラムだけでなく、食事の選択や自分自身のことについてこれまでの生活習慣などに配慮して自分で決めてゆくよう促していきました。

7. 秘密を保持して信頼感を醸成する（秘密保持）

人は誰でも個人情報があります。なかには**他人に知られたくない情報**、すなわち**秘密**もあります。クライエントは個人の秘密情報を他人に知られたくない、秘密にしておきたいという希望があります。しかし、クライエントは援助に必要ならば、ワーカーなどの専門職に秘密情報を提供しなければならないこともあります。それは、自分を援助してくれる専門職だから、知られたくない秘密情報であっても、信頼して提供するのです。

ですから、**ワーカーは職業上知り得たクライエントの情報をむやみやたらと他の人に漏らしてはいけません**。秘密情報を漏らさずしっかりと守ってくれるからこそ、クライエントは安心して多くのことをワーカーに打ち明けるのです。ワーカーがクライエントの秘密を漏らすようなことがあれば、クライエントは落胆し、傷つくことでしょう。一気にワーカーへの信頼をなくしてしまいますし、名誉毀損にも当たります。職業倫理とも大いに関係しているのです。

一方で、クライエントの援助のために、ワーカーの所属する施設・機関内で情報を共有したり、他施設・機関の専門職と情報を共有したりすることがあります。このような場合、どのような内容をどこまで共有するのか、といったガイドラインをしっかり定めておく必要があります。そして、専門職間での情報の共有については、クライエントにあらかじめその必要性や誰とどのような内容を共有するのかなどを説明し、同意を得ておくべきです。しかし、具体的な場面になると、どの専門職とどのような内容を情報共有すべきかは難しい問題です。このようなときは、クライエントの利益を最優先に考えて、慎重に検討すべきでしょう。

一方で、**ワーカーとしての心得**も忘れてはいけません。クライエント宅を訪問する際には、施設・機関名の入った自動車を避ける、玄関先で所属先を名乗らず名前だけ名乗る、といった配慮も必要です。また、施設・機関の待合室などでも、大きな声で名前を呼ばない、確認事項を他のクライエントに聞こえないように配慮する、などの必要もあるでしょう。これらはすべてクライエントの秘密を守ることにつながってゆくのです。

〔事例へのコメント〕　相談員の旭さんは、宮野さんのこれまでの経歴、家族構成、家族関係、経済状況、疾病状況、さらには宮野さんとの面談記録など宮野さんに関する個人情報を入手し、援助に役立ててゆくために大切に保管しています。決して他のクライエントに、新しく入所してきた宮野さんの情報を話しません。宮野さんのことを他のクライエントから聞かれても、本人が自分で口外していること以外は、「個人情報なのでお話しできません」と答えています。

一方で、施設の他の介護職員と情報を共有することをあらかじめ話して了承を得ています。しかし、介護職員間で情報を共有する際に、施設の廊下など、人が多く行き来する場で行なわないよう配慮しています。また、事務所であっても他のクライエントや部外者がいる前では決して行なわないよう、介護職員同士意識して秘密保持に細心の注意を払っています。

8．7原則に共通してみられる考えやワーカーの取るべき態度

バイステックは7原則を別々に説明しています。しかし、そこには、ワーカーが認識しておかなければならない考えや態度にいくつかの共通点があります。

第1に、バイステックは、7原則の多くを、人間としての価値や個人の尊厳にもとづいたクライエントの権利であると述べています。ワーカーがこれらの原則を守らないことは、基本的人権や権利を侵すことになると述べています。このことから、**援助関係の形成にはケースワークの価値やワーカーの職業倫理が根底にある**といえるでしょう。

第2に、ワーカーがいくらことばで伝えたとしても、**態度として示す**ことができなければクライエントには伝わらないと述べています。ワーカーが本心から思っていないことは、クライエントの

心の奥底には届かないのです。言い換えると、ワーカーが本心から思っていることは、自然とワーカーの表情、姿勢、態度となって表われ、クライエントに伝わってゆくのです。バイステックは**「ワーカーの態度」「自然な姿」を通して伝えてゆくことの重要性**を繰り返し強調していますが、これらはまさに非言語コミュニケーションを指しているのです。むろん、ワーカーの態度や自然な姿に加え、ことばとしても伝えてゆくことは効果があると指摘しています。そこで、ワーカーはどのような態度でクライエントに接していけばよいのかは、3章で整理してみたいと思います。

第3に、ワーカーもひとりの人間です。クライエントを好きになれなかったり偏見を抱いたりしてしまうこともあります。そのような想いを抱いていることを自覚することが大切なのです。そのような想いを抱いてはいけないということでは決してありません。クライエントを好きになる必要はありません。ありのままのクライエントを理解し、クライエントに対する自分の偏見を取り除く努力が大切だとしています。そのために**ワーカーは、自分の気持ちを正直に認める、といった自己覚知が重要**なのです。

第4に、バイステックの7原則はあくまで原則です。援助関係形成の重要な考えであり、ワーカーの姿勢を表わしたものです。実際の社会福祉の現場では例外も多くあります。**現場の状況に応じて、臨機応変に対応**すべきです。バイステックも折に触れてそのことを述べています。ケースワークの価値やワーカーの職業倫理に照らし合わせて、ワーカーとしてどう判断し、活動してゆくのかが重要となってきます。

2章　クライエントとワーカーの間

クライエントもワーカーも生身の人間です。さまざまな感情があります。そして、クライエントとワーカーがかかわってゆくとき、その感情がお互いの間を行き来します。その行き来する感情を通して、両者の関係が形成されてゆくのです。本章では、両者の間に起こるさまざまな感情やその対処方法、クライエントとワーカーとのパートナーシップの関係について説明します。

1．クライエントとワーカーに湧き起こるさまざまな感情

▼クライエントが個人的な感情を抱いたとき

私たちの人生では、さまざまな人との出会いがあり、出会った人々ともいろいろなかかわりを経験します。大抵の場合、最初に出会うのは親でしょう。でも、なかには親の顔を知らない人や親に

養育されなかった人もいます。いずれにしろ、親をはじめ家族や自分を養育してくれた人は、昔も今も将来も、私たちの人生に非常に大きな影響を与えています。その後、友人、学校の先輩や後輩、恋人、学校の先生、近隣住民、塾の先生、習い事の先生、病院の先生や看護師さん、療育センターの先生など、その人が活動する範囲に応じて出会う人の輪がどんどん広がってゆきます。そしてその中の何人かは、私たちの人生に非常に大きな影響を与えているかもしれません。

この人たちは、あなたにとってどのような存在だったのでしょうか。たとえば、お父さんあるいはお母さんについて考えてみましょう。「怖くて近寄れない人」「いつも怒ってばかりで私のことを分かってくれず大嫌いな人」「頼りない人」「とても優しくて大好きな人」「とても頼もしく頼りがいのある人」「私のことを大切に思ってくれる人」など、人によってさまざまな印象を持っていることでしょう。どのようなタイプの親であれ、私たちが幼いときに経験した親子関係は、現在のあなたの性格や人とのかかわり方に重要な影響を与えています。

クライエントとワーカーの間には、プラスであれマイナスであれ、何らかの人間関係が出来上がります。それは今という時点での関係ですが、ときにはクライエントが意識しているかどうかは別にして、過去の父親、母親との人間関係の中で経験したようなことが、ワーカーとの交わりの中で繰り返され、再現されることがあるかもしれません。つまり、クライエントの中には、ワーカーに出会ったときに、そして面接を重ねているうちに、**プラスであれマイナスであれ、自分に影響を与えた父親や母親の印象やおもかげとワーカーの印象が重なってしまい、父親や母親に対するような**

態度をワーカーに取ることがあるのです。

ワーカーに対して、甘える、依存する、好意をもつといった肯定的な感情もあれば、怒り、嫉妬、敵意といった否定的な感情を抱くこともあります。クライエントがワーカーを、「父親のように感じる」「母親に甘えたときのように甘える」といった現象が起こることを指しています。こうした状態を通してクライエントは、父親や母親の愛情をもう一度経験するというか、自分が幼いときに父母に対してぶつけることができなかった怒りを、今この時点で目の前にいるワーカーにぶつけることで、昔の復讐をしているということもあります。

このことは父親や母親に限りません。それ以外にも同じように、良い意味でも悪い意味でも私たちに影響を与えた人がいることでしょう。これまでの自分の人生に大きく影響を及ぼした人に対する印象というのは、私たちの心の中に大変強く残っているものです。そして、クライエントがこれまでに出会って影響を受けた人に対するような気持ちをワーカーから感じたり、ワーカーに対してぶつけてきたりすることがあります。

ですから、**ケースワーク関係という援助関係の中で、クライエントがワーカーに対して個人的な感情を抱く**ようなことがあっても、それは不思議なことではないのです。そのようなときにワーカーは、**クライエントが父親や母親など、自分に対して強い影響を与えた人に対するような感情を抱いているのだということを理解する**ことができるといいでしょう。

しかしながら、ワーカーは、クライエントのそうした個人的な感情を理解できていないことが多いようです。クライエントが攻撃的な態度を取ったとき、ワーカーは自尊心が傷つけられ、その挑発に乗ってムキになって反発してしまうことがないでしょうか。あるいは、クライエントがワーカーを異性として見ていることに対して、その誘惑に負けて、ワーカー個人の欲望や愛をクライエントに向けてしまうことだってあるかもしれません。

クライエントはワーカーが自分を異性として見ているということは分かっても、それがどのような意味をもっているのかを理解していないと、ワーカー自身がクライエントと良好な援助関係の形成に向けた取り組みができなくなってしまいます。ワーカーは、「なぜあのクライエントは自分に対していやらしい目で見ているのだろう」とか、「自分に対して攻撃的なのだろうか」と思い悩むことがあるかもしれません。ワーカーがクライエントの個人的な感情を理解することができると、もっと冷静にクライエントとの関係のもち方が見えてくるのです。そこで、**周囲のスタッフが客観的な立場から、クライエントの個人的な感情を感じ取って指摘してゆく**ことが大切となります。

また、ワーカーがクライエントの個人的な感情を察したからといって、そのことをクライエントにすぐに言うとか、面接中に話題として取り上げることはしません。**クライエントの親に対するような、肯定的あるいは否定的な気持ちを「そっと」受け入れ、「黙って」尊重する**という態度がベストではないでしょうか。少なくともそれが最も危険の少ない接し方であり、話題の取り上げ方だと思います。

コラム1　転移

クライエントがこれまでの生活の中で大きな影響を受けた人物の像をワーカーに重ねてしまい、個人的な感情を抱くことを、精神分析では「転移」といいます。この転移は精神科医のジークムント・フロイトが精神分析療法の実践過程で発見したといわれています。

クライエントがワーカーに対して抱く「転移」が援助に大きく影響します。肯定的な感情や態度を示す「陽性転移」は効果的に活用すると援助を促進するといわれていますが、一歩誤ると危険な関係となってしまいます。たとえば、クライエントがかつてあこがれていた異性の感情をワーカーに向けてしまうと、肯定的な転移となります。クライエントはワーカーをあこがれの異性として見ているわけですから、援助を目的とした関係ではなく私的な関係を持ち込もうとします。しかしワーカーはそれには応えられません。このことに気づいたクライエントはワーカーに対して憎悪の念を抱くことがあります。そうすると、援助を目的とした関係が崩れてしまいます。また、否定的な感情や態度を示す「陰性転移」の場合は、ワーカーに対して敵意や恐怖心、不信感を抱いています。クライエントはワーカーに、警戒心を抱いて接したり攻撃的に接したりするでしょう。

▼ワーカーがクライエントに個人的な感情を抱いたとき

一方、**ワーカーがクライエントに対して、これまでの人生経験の中で自分自身に大きな影響を与えた人物と像を重ねてしまい、冷静な関係を形成することができない場合**もあります。また、ワーカーがクライエントに対して特別な感情を抱き、個人的な対応を行なってしまうこともあります。

たとえば、特別養護老人ホームに勤務しているあるワーカーが、幼少の頃に祖母に大切に育てられたとしましょう。ワーカーは祖母が大好きでした。その祖母にそっくりなクライエントが入所してきました。特定のクライエントを特別扱いしてはいけないことは十分承知しています。しかし、自分でも気づかないうちに、祖母にそっくりなクライエントに対して特別な感情を抱き、何とかしてあげたいといった想いを抱き、特別な配慮を行なってしまうことがあります。肩入れし過ぎるのです。周囲のクライエントからも苦情が出てきました。周囲のワーカーも気づいています。しかし、本人は全く気づいていないのです。

逆に、あるワーカーは幼少期の頃に祖父に厳しくしつけられ、よく叱られ、なんとなく苦手意識をもっていました。その祖父にそっくりなクライエントが入所してきました。自分でも気づかないうちに、そのクライエントに厳しく接したり辛く当たったりしているのです。あるいは、そのクライエントを避けてしまうこともあります。周囲のワーカーは気づいていますが、当の本人は全く気づいていないのです。

コラム2　逆転移

ワーカーがクライエントに対して、これまでの人生経験の中で自分自身に大きな影響を与えた人物と像を重ねてしまい、冷静な援助関係を形成することができない場合があります。また、ワーカーがクライエントに対して特別な感情を抱き、個人的な対応を行なってしまうこともあります。このように、ワーカーがクライエントに個人的な感情を抱くことを「逆転移」といいます。逆転移も転移同様、ワーカーが自覚できていないことからくるようですので、このような現象が起こりうることを理解しておく必要があります。

▼自分の感情を吟味

クライエントがワーカーに抱く個人的な感情、ワーカーがクライエントに抱く個人的な感情、いずれにせよ、援助を目的とした援助関係においてこのような現象が起こることを、ワーカーは十分に理解しておきましょう。そうでなければ、不適切な関係の状態で援助が進展してしまいます。クライエントのペースに巻き込まれ、ワーカーとしての冷静な対応ができなくなってしまいます。また、幅広い方向から物事を見ることができず、偏った方向でしか物事を見ることができなくなってしまいます。それは、一方的な押し付けであったり、余計なおせっかいであったり、突き放した対応であったりするのです。そしてワーカー自身が追い込まれてしまうこともあります。

このように見てゆくと、ワーカーがクライエントに個人的な感情を抱くことは、好ましいことではないと思われるかもしれません。そうした気持ちはワーカーの中立性を損なうものですし、個人的な感情が援助関係に取り込まれる恐れがあるからです。しかし、ワーカーだって人間です。**専門職であるワーカーといえども、完全に個人的な感情を棄て去って客観的にクライエントとかかわることはできない**でしょう。

そこで、**ワーカーはクライエントの自分に対する気持ちに敏感でなくてはならないように、ワーカー自身のクライエントに対する気持ちにも敏感でありたい**ものです。こうした心の鋭敏さと自分を素直に見詰めることで、「自分でも気づいていない心の動き」が援助関係の中にまぎれ込んでしまうことを防いでくれるのではないでしょうか。

みなさんはクライエントと接していて、次のような感情を抱いたことはないでしょうか。

- イライラする。
- 早く話を打ち切りたい。
- あまりかかわりたくない。
- 嫌悪感がある。

- 恐怖心を感じる。
- 緊張する。
- 苦手意識がある。
- ぜひ何とかしてあげたい。
- 気になって仕方ない。
- 接していると楽しくてしょうがない。
- とってもかわいそう。

このような感情を抱いていないかどうか、今一度振り返ってみましょう。思い当たる節はありましたか。どうぞ、ご自分がこうした感情を抱いていることを否定しないで下さい。また、それを決して悪いことだと思わないで下さい。それはむしろごく自然なことなのです。大切なことは、自分の気持ちに蓋をしてしまうのではなく、素直になることなのです。そのような感情を自分自身で振り返り、意識化することなのです。**素直に自分の気持ちを認めることができると、そこから、ワーカーである自分とクライエントとの関係を見つめ直すことのできる次の段階に進むことができる**のです。

そして、なぜ自分はそのような感情を抱いているのかを吟味してみましょう。かつて自分をいじめた人に似ているので恐怖心を抱いている、自分とは異なった考えをする、自分のことをすぐに否定する、自分のことを無視する、クライエントの言い分ばかり主張し正直うっとうしい、外見上怖い感じがする、かわいい、異性として見てしまう、祖母とイメージが重なってしまう、自分と境遇が似ているなど、なぜそのような感情を抱いているのか思いつくのではないでしょうか。自分自身を冷静に振り返ることで、クライエントに対して、援助そのものに対して、どのような感情や想いを描いていたのかを分析するのに役立ちます。客観視することができると、偏った見方から抜け出し、幅広い視点で物事を考えることができます。

そのうえで、今後クライエントとどう接してゆけばよいのかを考えましょう。冷静に対応するために、場合によってはクライエントと少し距離をおき、クライエントに対して抱いている感情を吟味した方が良いこともあります。ときには、クライエントと適切な関係を形成できないと思うこともあるかもしれません。**ワーカー自身、自分の弱さ、未熟さ、偏見、好き嫌い、不安、恐怖心などを抱いていることを、素直に認めることが大切**なのです。ワーカーも人間です。弱さ、未熟さは誰にだってあるのです。自分自身の限界を知ることは大切です。ワーカー自身が潰れてしまわないように、そして、クライエントが不利益を被らないために、限界に達したときは、すべて自分でかかわろうとせず、ベテランのワーカーに代わってもらうこともワーカーとしての適切な決断なのです。

コラム3　自分の感情を吟味する方法

尾崎《おざき》新《あらた》は、援助関係に関する自分自身の特徴など何かに気づいたら、すぐその場でその内容についてメモを取る方法を紹介しています（尾崎、1994）。メモを記載したカードを収納できるカードボックスを用意し、入れておきます。そして、実際の面接に臨むにあたって、クライエントに抱いている感情に関するメモを読み返すことで、ワーカーとしての感情をさまざまな角度から検討し、対処の方法も豊かになったそうです。尾崎はまた、必ずしもメモを取らなくとも、記憶にしっかりとどめておく方法でもよいとしています。

簡単な例を紹介しましょう。あるクライエントとかかわってゆく過程で、緊張が高いということに気づいたとします。それは、クライエントの抱える問題が大きすぎて、どう対応して良いのか分からず、クライエントに合わせる顔がない、という不安や焦りが緊張感を生んでしまうことが分かってきました。このことを自覚して客観視することで、今後のクライエントとのかかわりを模索してゆくことができるのです。

2. さまざまな援助関係

▼ワーカーとクライエントの二者関係によって形成される援助関係

これまで、ワーカーとクライエントとの間にはさまざまな個人的な感情が入り混じっていることを説明してきました。このことを踏まえつつ、両者の援助関係は、具体的にどのような関係を保ってゆくのが良いのでしょうか。いくつかの観点から考えてみましょう。

クライエントの生活上抱えている問題やニーズは多様です。そして、クライエント自身もさまざまな状況に置かれており、いろいろな考えやもっている能力、心身の状況、住宅状況、家族関係、生活状況も一人ひとり異なっています。ワーカーは、クライエントの置かれている状況に応じてかかわりが変わってくることでしょう。全面的受容の態度で接する場合もあれば、指導的立場をとる場合もあります。また、クライエントに考えてもらう場合もあれば、温かく見守る場合もあるでしょう。しかも、**そのかかわりは常に一定ではなく、クライエントの状況が変化するとともに、さまざまなかかわりを柔軟に使い分けることで、クライエントの自立支援につなげてゆく**のです。

一方で、ワーカーとクライエントの関係は、ワーカーの年齢や経験、能力、ワーカー自身の価値観や考えによって変動します。ワーカーの方がクライエントよりも年配なのか若いのか、ワーカーがどの程度経験を積んでいるのか、異性か同性かによっても関係性が変わってくるかもしれません。

このように、両者の関係は、個々のワーカーと個々のクライエントの二者関係によって異なってきます。また、序章でも述べたように、ワーカーとクライエントの関係は常に一定ではありません。急に深まることもあれば、疎遠になることもあります。逆に、あることがきっかけでそれまで疎遠な関係にあったのが、急に打ち解けた関係になることもあります。ワーカーは、クライエントとの関係を固定的に捉えるのではなく、流動的であることを意識しておきましょう。

一方で、ワーカーがクライエントに抱いている関係の姿とクライエントがワーカーに抱いている関係の姿は喰い違っているかもしれません。ワーカーは関係が取れていると思っていても、クライエントはそう感じていない場合もあります。逆に、ワーカーはクライエントとうまく関係が取れていないと思っていても、クライエントはワーカーを信頼している場合もあります。このようなとらえ方の違いに気づくこともあれば、気づかないこともあります。

▼さまざまな援助関係のパターン

本多勇は、医師と患者との診療場面における関係の類型を、社会福祉援助のワーカーとクライエントに置き換えて、五つのパターンが考えられると述べています（本多、2015）。この本多の見解をもとに筆者なりに整理し直し、ワーカーとクライエントのさまざまな援助関係について説明してゆきます。

パターン1　ワーカーの立場あるいは権限が強く、クライエントの立場が弱い関係です。ワーカーが主導権を握り援助目標や内容を設定し、提供するパターンです。ワーカーの権限が強く反映され、クライエントはワーカーに援助の多くを委ね、ワーカーの提案をほぼ全面的に受け入れていきます。クライエントは援助に対して自らの想いを表明することは少なく、受け身の姿勢となります。まさにワーカー主導の援助関係で、パターナリズムといわれるものです。気をつけなければならないことは、ワーカー主導であるため、気がつけば虐待などの人権侵害が生じる恐れがあったり、ときにはクライエントが無言の抵抗として援助を拒否したり、援助を受けていることに自尊心を傷つけられたりすることもあります。

パターン2　クライエントの立場が強く、ワーカーの立場が弱い関係です。クライエントはさまざまな意見や権利を主張し、ワーカーが受け身の姿勢となってしまいます。クライエントが意思決定を行なうというプラスの側面がある一方、クレイマーのように無理難題や苦情を突きつけてくることもあります。ワーカーはクライエントからの無理難題や苦情に翻弄され、専門的かかわりができなくなってしまう恐れもあります。

パターン3　クライエント、ワーカーともに立場が弱く、意見、希望が出てきません。信頼関係を築くことができず、援助目標や計画が不十分であり、援助が保留となったり中断したりしてしまいます。

パターン4　クライエント、ワーカーともに自らを強く主張し、衝突し合っている関係です。双方が主導権を握ろうとします。相手を受け入れることができません。ワーカーはクライエントの想いを理解しようとせず、冷静な受け答えも難しくなってしまいます。援助がうまく進んでゆきません。

パターン5　クライエント、ワーカーのどちらの立場が一方的に強いというわけではなく、双方適切に自己主張が行なわれています。クライエント、ワーカーともに自分の立場を理解していきます。そして、お互いに相手を理解し、尊重し、信頼関係が形成されています。いわゆるパートナーシップの関係といわれているものです。

▼パートナーシップの関係形成

援助関係の形成で理想的なのがパターン5です。先ほど説明したように、援助関係は常に一定しているわけではありません。いろいろなパターンの援助関係で始まったとしても、クライエントとワーカーが自分自身、そして相手の役割を理解し、相手に対する尊重によって、信頼関係が芽生えてきます。クライエントとワーカーが同じ方向を向き、基本的には協力関係にあり、一方向的な支配関係や衝突を伴う自己主張のぶつかり合いや相手任せの消極的なかかわりがないことです。つまり、クライエントとワーカーは、相互に相手を認め、パートナーとして認識します。どちらの立場が強いか、といったものではなく、バランスの良い関係が保たれるのです。

コラム4　パートナーシップの関係に必要な自己理解

パートナーシップの関係に向かうために、本多は以下の取り組みを提案しています（本多、2015）。

良いバランスの援助関係となるには、ワーカーとクライエントが相互に相手を理解するとともに、自己理解を深めることが大切です。ワーカーも個人のモノサシ（ものの見方、倫理観、生活観などの尺度、捉え方）があり、個人のモノサシを意識しつつも、専門職としてのモノサシ（社会福祉援助の価値や職業倫理）にもとづいた援助を行なわなければなりません。そのために、自己理解が大切なのです。その上で、クライエントの尊厳と自己決定を尊重した適切な援助プロセスが実行されていなければなりません。

▼パートナーシップの関係形成に向けての取り組み

具体的には関係形成に向けてどのような取り組みを行なってゆけばよいのでしょうか。本多の提案をもとに、筆者なりに整理してみました。

パターン1のワーカーの立場や権限が強い場合、最初は、ワーカー主導で援助が展開しているかもしれません。そこでワーカーは、クライエントの世界からクライエントの想いはどのようなものなのかを推測しましょう。そして、クライエントから発信されるわずかな情報（メッセージ）に注意を払い、それに応えてゆきましょう。このことを繰り返してゆくうちに徐々にクライエントは、ワーカーが自分の想いに応えてくれるということを体験し、もっとメッセージを発信しても良いんだという思いをもつようになります。**クライエントは分からない人あるいはできない人ではなく、内に秘めた可能性を有しているということを信じて地道な取り組みを実施**してゆきましょう。

パターン2のクライエントの立場が強い場合とパターン3のワーカー、クライエントともに立場が弱く、援助がうまく展開できていない場合は、**職場の上司あるいは先輩ワーカーにスーパービジョンを受けつつ、ワーカーとして自信をもってクライエントと向き合いましょう。**恐れることはありません。周囲のワーカーがサポートしてくれます。決してひとりで抱え込まないで、周囲のワーカーに相談しましょう。そして、自分自身でも日々のクライエントとの関係性やかかわりを振り返り、どう考え、どう行動するか整理しましょう。一度にうまくことが運ぶわけではありませんので、失敗を繰り返し、徐々に、ワーカーとしての自信を身につけてゆきましょう。

とりわけ、パターン2のクライエントの立場が強い場合は、**クライエントの主張にしっかりと耳を傾けましょう。**一方的に拒否したり非難したりしてはいけません。クライエントに敬意を表わし、尊重する姿勢を大切にしましょう。クライエントも自分を受け入れてもらえたということを実感すれば、安心し、機敏で適切な対応を行なうワーカーに敬意を表することでしょう。クレイマー的な対応には、腫れ物に触るようなかかわりをするのではなく、毅然とした態度で臨むことを忘れてはいけません。クライエントからの要求や苦情はしっかりと聴いたうえで、できないことはできないとしっかり伝えましょう。しかし、このような場合でも決して、クライエントを批判したり、自尊心を傷つけたりすることがないように心がけましょう。

　パターン4のワーカー、クライエントともに主張が強く衝突し合っている場合、クライエントの変化を望んでいても状況は進展しません。専門職であるワーカーがクライエントとの関係を冷静に見つめることです。専門職として、先ずクライエントを受けとめることから始めましょう。クライエントの自己主張が強いということは、クライエントは自分の考えをしっかりもっているということです。そのことを尊重しましょう。6章で説明するクライエント主体の考えです。クライエントの想いを尊重する態度で臨みましょう。ワーカーが受容的態度で接することを体感すると、徐々にクライエントもその殻を脱ぎ捨てるでしょう。クライエントを変えようと思えば、まず**ワーカー自身から相手との関係の在り方を変えようと意識し、努力することが重要**なのです。

　ぜひ一度、皆さんがかかわっているクライエントとどのような関係なのかを振り返ってみて下さい。すべてのクライエントと全く同じ関係を保っているとは言い難いのではないでしょうか。また、一人のクライエントを取り上げてみても、援助過程を通して関係の在り方が一定しているわけではないでしょう。クライエントとの関係を振り返ることで、関係の在り方が客観視でき、今後の関係を模索するヒントとなるでしょう。さらに、今後、新たに援助が開始された場合に、クライエントとの援助関係の在り方を見出す基礎となるでしょう。

3章　援助関係の形成の過程

2章で、ワーカーとクライエントとの間にはさまざまな関係があることを説明しました。ワーカーがクライエントの生活上の問題を的確に捉え、クライエントの意向を尊重しながら適切に援助を展開してゆくことで、クライエントの信頼を得ます。さらに、ワーカーの援助に対する基本的な考えやクライエントに対する姿勢や態度も援助関係に大きく影響します。ワーカーが冷たい態度や事務的だと、いくら適切に対応しても、クライエントは心を開かないでしょう。ワーカーによる的確な問題把握と適切な支援、そしてクライエントに対する適切な姿勢や態度の両方が調和してこそ、援助関係の形成につながってゆくのです。本章では、援助関係形成に向け、バイステックが提示した原則を実践してゆくために、ワーカーが取るべき姿勢や態度について説明します。

1．尊い存在であるクライエント

▼大切なワーカーとクライエントとの最初の出会い

ワーカーとクライエントがはじめて出会うのはさまざまな機会や場面が想定されます。クライエントあるいは家族が、社会福祉や医療の専門機関や施設・事業所（地域包括支援センター、障害児者相談支援センター、児童の相談支援センター、児童相談所、福祉事務所、医療機関、社会福祉施設・事業所など）に相談や援助を求めてきたとき、他の専門職から紹介があったとき、地域住民からの通報などが想定されます。また、その場面としては、電話でのやり取り、ワーカーの施設・機関にクライエントが訪問、ワーカーがクライエント宅を訪問、他の専門機関での出会い、など多彩になっています。いずれにしても最初の出会いはとても重要なのです。「第一印象で人を判断してはいけない」と言われますが、逆に言うと、**第一印象で相手に対するイメージができ、その後の関係に大きく影響する**ということです。

ところで、すべてのクライエントが自ら積極的に援助を求めているわけではありません。援助を求めたいのに遠慮や気がねがあったり、世間体を気にしたりして素直にそのことを表現できないクライエントがいます。援助を求めてはいるのに、問題の本質には触れないで表面的な話しかしないクライエントもいます。専門職に対する不信感、自暴自棄、恥辱心などのために援助を拒否するクライエントもいます。なかには援助の必要性を感じていないクライエントもいます。このように、さまざまな状況から、スムーズに援助が開始されるとは限りません。そこでクライエントに、ワーカーは自分のことを真剣に考えてくれる人で決して悪い人ではない、いろいろな悩みを聞いてサポートしてくれる人であるといった、安心感や信頼感をもってもらうことが大切です。

そのためにバイステックの7原則を通して援助関係を形成してゆくのです。では、援助関係を形成してゆくにあたって、ワーカーはどのような姿勢や態度でクライエントと接してゆけばよいのか考えていきます。

▼人としての尊厳（個人の尊厳）

ワーカーがクライエントと接する際に基本になる考えは、**クライエントをひとりの人間として敬意をもってかかわる**ということです。クライエントは援助を必要としてはいますが、それ以前に、ワーカーと同じくひとりの人間なのです。ところが、援助を必要としているということで一段劣った存在として見下されてしまうことがあります。皆さんは、クライエントをそのように見てはいないでしょうか。おそらく、「そんなことはない！」と思われるでしょう。しかし、振り返ってみましょう。

障害者、認知症高齢者、要介護高齢者、生活困窮者、被虐待児、非行少年、患者など、皆さんがかかわっているクライエントをこのような枠組みで捉えていないでしょうか。また、「クライエントは過去の不摂生が原因で今のような状況に陥っているのだから、自業自得だ」といった想いを抱いていないでしょうか。たしかに、そのような状況にあって生活上の困難を抱えているので、皆さんの機関・施設で援助が必要なのかもしれません。ところが、クライエントを援助の必要な対象者と捉えたり、偏見や先入観を抱いてかかわったりすると、どうなるでしょう。クライエントからすると、「ワーカーさんは所詮私のことを障害者としか思っていない」「ワーカーさんはどうせ私のことをダメな人間だと思っているに違いない」など、ワーカーに対して不信感を抱いてしまうのです。これではスムーズな援助を行なうことはできません。

　クライエントにはひとりの人間としてそれぞれの生活があるのです。つまり、**生活の主体者**なのです。クライエントを援助の対象者、福祉制度の対象者としてしか捉えていないとすれば、極めて機械的であり、規定の枠の中だけの援助にとどまってしまいます。そこには、人間的な温かみが生まれてきません。私たちは、障害者や高齢者、非行少年、といった援助の対象者と接しているのではなく、ひとりの人間と接しているのです。クライエントを生活の主体者であることを十分に理解しておくことが大切です。

　そこで、ひとりの人間として尊重し、尊い存在、大切な存在であるという認識がとても重要となってくるのです。これを**個人の尊厳**といい、ケースワークが最も大切にする考えです。序章で説明した**ケースワークの価値**と呼ばれているものです。このことによって、クライエントとワーカーとはお互い「人間と人間」という対等な立場で援助を提供したり受けたりすることができるのです。クライエントは自分をひとりの人間として敬意をもって接してくれるワーカーだと思えるからこそ、信頼を寄せ、心を開いてゆくのです。ワーカーは、個人の尊厳を基本としてクライエントとかかわってゆくべきです。

▼クライエントに真の関心を示し、向き合う姿勢

尾崎新は、クライエントが援助を必要と感じていないときや援助を拒んでいるときは、無理やり援助関係を形成しないことが大切だと述べています（尾崎、1994）。焦って援助関係を形成しようとすると、クライエントはワーカーを避けようとし、援助関係を硬直化させたり混乱させたりします。援助関係を押し付けるのではなく、ワーカーは心配している、必要であれば援助を提供したいと思っていることを伝え、待つ姿勢の重要性を述べています。そうすることで、クライエントが援助を必要と感じたときに、ワーカーに援助を求めてくるようになるというのです。

ワーカーはクライエントに関心を示し、**「どのようなことでお困りでしょうか」「一緒に考えましょう」「一緒に取り組んでゆきましょう」**といった態度や姿勢でかかわってゆきましょう。機械的、事務的にかかわったのでは、人と人とのかかわりにはなり得ません。自分に関心をもってくれている、自分のことを真剣に考えてくれていると思えるからこそ、防衛する殻を破り、心を開いてゆくのです。また、「そんなに自分のことを思ってくれるなら、話をしてみようかな」「頼んでみようかな」「任せてみようかな」と思えるのです。

空閑《くが》浩人は、クライエントに寄り添いかかわり続けることの重要性を述べています（空閑、2012）。クライエントに寄り添うとは、クライエントの想いを理解しようとすることです。不安な気持ち、怒りの気持ち、心配な気持ち、落ち着かない気持ちなど、クライエントから発信されたメッセージをキャッチするようアンテナを張っておくのです。

クライエントがすぐに心を開いてくれるわけではありません。そのことに無力を感じるかもしれません。しかし、それでもかかわり続け、試行錯誤を繰り返しましょう。ワーカー自身のかかわりを振り返り、自分自身のかかわりを冷静に見直すことで、いろいろな気づきを得ることができるのです。**対人援助の仕事には常に正解があるわけではありません**。正解の見えないところで、クライエントとのかかわりを通して、いろいろな気づきや発見があるのです。その時々の状況に応じて、どう対応してゆけばよいのかを試行錯誤しながら模索してゆくことが大切だといえます。そしてこの一つひとつの積み重ねを整理して言語化することこそが、ワーカーの大きな原動力となってくるのです。これこそ、対人援助であるソーシャルワークの醍醐味ともいえるでしょう。

▼クライエントの気持ち

援助の必要なクライエントであっても、いきなり援助を始めるのが当然であるかのような態度をとることは極力避けた方がよいでしょう。

クライエントは、さまざまな想いを抱いています。
援助を必要と感じていない。
人の家に土足で勝手に入り込んできた。
見ず知らずの人がやってきたけれど、このワーカーというのはいったい何者なのか。
そっとしておいて欲しい。
放っといて欲しい。
この人を信頼してよいのだろうか。
この人は自分のことを考えてくれるのだろうか。
自分のことを本当に大切に思ってくれるだろうか。
自分が困っていることを助けてくれるのだろうか。

このように、驚き、戸惑い、不信感、不安感といったさまざまな想いがクライエントの頭をよぎっているのではないでしょうか。このようなクライエントの気持ちを考えずに、いきなり援助の開始を宣言しても、クライエントはなかなかそれを受け入れないでしょう。援助関係の形成のみならず、援助過程全体を通じて考慮しなければならないことは、クライエントの気持ちはどのようなものか、ということです。

クライエントは〇〇（生活上の問題）について、
どのように考えているのだろうか。
どのような想いでいるのだろうか。
どうしたいのだろうか。
どうして欲しいのだろうか。

むろん、虐待や生命の危機に瀕している事案など、緊急を要する事態では、じっくり波長合わせをしている時間はありません。すぐに援助を開始しなければなりません。援助関係が形成されなければ援助を開始してはいけない、といっているのではなく、クライエントのさまざまな気持ちを少しでも理解することが大切なのです。

▼クライエントの側からの理解

私たちワーカーは、ワーカーの側から物事を見たり、ワーカーとしてこうあるべきだと推測したりすることはできます。客観的で冷静な判断かもしれません。しかし、ワーカーの側からしか物事を見ておらず一方的であるならば、主人公であるクライエントを置き去りにしてしまいます。これでは、物事の本質を十分見極めることができないうえに、クライエントはワーカーを信頼することはありません。ですから、適切な援助を提示しても、クライエントはその援助を快く受けないでしょう。

介護保険や障害福祉サービスで、ワーカーが適切な福祉サービスを提示し、クライエントも了承したにもかかわらず、いざ福祉サービスが開始されると、クライエントはその福祉サービスを拒否するといったことを見聞きします。ワーカーが提示した福祉サービスをいったんは承諾しても、実はその場の雰囲気で承諾せざるを得なかった、そのときはそうかと思ったけれど冷静に考えてみると自分の想いに適っていない、といったことが原因なのです。ワーカーがクライエントの生活状況や主訴として表現されたことをもとに適切な福祉サービスを提示しているのですが、クライエント自身が納得していないからこうしたことが起こってしまうのです。つまり、クライエントの気持ちを十分汲み取っていないということです。

知性や理性だけでは物事は解決しません。まず、クライエントの気持ちや感情を受けとめ、「あなたの気持ちは○○なんですね」とクライエントに返してゆくことが大切です。**ワーカーとクライエントとの間で気持ちが通じ合うことが重要**です。クライエントは、「自分の辛い気持ち、いたたまれない気持ちを分かってもらえた」と思えるからこそ、次に進むことができるのです。このように考えてみると、いかにワーカーの判断が正しいように見えても、クライエントの気持ちを大切にしなければ援助がスムーズに進まないということがお分かりいただけたと思います。

言い換えれば、クライエントの世界に近づくということです（岩間、２００１）。「クライエントの○○さんはどう思っているだろうか」「私がクライエントの○○さんだったらどうして欲しいだろうか」とクライエントの立場に立って物事を理解してゆくのです。こうしてクライエントの世界を理解しようとすることで、少しでもクライエントの気持ちに近づいてゆけるといえるでしょう。

▼クライエントの気持ちを理解するように努めること

クライエントに限らず、他者のことを百パーセント理解することはほぼ不可能に近いでしょう。クライエントのことはすべて分かっていると思っていると、それはとても危険なことだといえます。なぜなら、まだ分かっていない側面があるにもかかわらず、それ以上分かろうとしないからです。また、昨日とは違う今日のクライエントがいるにもかかわらず、新たにクライエントを理解しようとしないからでもあります。

一方で、「クライエントのことをすべて分かるはずがないのなら、努力しても無駄だと思う」といった考えにも疑問を感じます。なぜなら、前者と同じくクライエントを理解しようとしなくなるからです。これではクライエントとのかかわりが希薄になってしまう危険性があります。

「クライエントのことはまだまだ分からないことがたくさんある」と感じていることは決して悪いことではありません。ワーカーとして失格と思う必要もありません。まだ分からないところがあるからこそ、「もっとあなたのことを分かりたい」という姿勢でクライエントとかかわってゆけばよいのです。このようなワーカーの態度がクライエントに伝わり、「自分と向き合おうとしてくれている」「自分のことを分かろうとしてくれる」といった肯定的な気持ちをもってもらえることでしょう。そうすると、クライエントは自然とワーカーに対してさまざまな気持ちや感情を表現するようになるのではないでしょうか。それはワーカーによるさらなるクライエントの気持ちを理解することに繋がるでしょう。

では、ワーカーはクライエントの気持ちを少しでも理解できるよう、どのようにかかわってゆけばよいのでしょうか。ワーカーとクライエントとのかかわりは、双方のコミュニケーションなのです。次節以降、コミュニケーションについて考えてゆきます。

2. 援助関係の基礎となるワーカーとクライエントとのコミュニケーション

▼対人コミュニケーション

ワーカーとクライエントとの間でさまざまなやり取りがなされています。それは、ワーカーからクライエントへの一方向のかかわりではなく、クライエントからもワーカーにメッセージが発信されており、双方向のやり取りがなされているのです。そのやり取りは、言い換えるとワーカーとクライエントとのコミュニケーションなのです。人と人とのコミュニケーションなので、これを**対人コミュニケーション**といいます。

コミュニケーションには**表3-1**のように、言語コミュニケーションと非言語コミュニケーショ

表3-1　コミュニケーションの内容

コミュニケーション	内　容	
言語コミュニケーション	話しことば、書きことば	
非言語コミュニケーション	準言語	話す速度、抑揚、声の大きさ、声の高さ、間の取り方、字体、字の大きさなど
	非言語	身振り・手振り、身体の姿勢などの動作、しぐさ、顔の表情、触れる・撫でる・叩く・抱くなどの身体接触、対人距離、服装、化粧、装飾品など

〔津田耕一『福祉職員研修ハンドブック』ミネルヴァ書房，2011，p. 35〕

ンの大きく二つに分類されます。**言語コミュニケーション**は、抽象的な概念・理論や目の前にない事柄、過去から未来の事柄などの意思の疎通を図ってゆくことができるという特徴があります。一方、**非言語コミュニケーション**は、言語コミュニケーションを補足したり強調したり、言語コミュニケーションとは異なった意味を表現したり、無意識的な問題や課題を表わすものであったり、会話の流れを調整・管理したりするという特徴があります（坂口、1991）。

対人コミュニケーションでは、言語、非言語のコミュニケーションが複雑に重なり合って成り立っています。言語のみならず、非言語を含め、コミュニケーションが円滑に行なわれることが、援助関係形成の第一歩なのです。

▼非言語コミュニケーションの大切さ

私たちも仕事や日常生活で人とかかわっていて、「あの人は私のことを気に入っているのではないか」と何となく感じることがあります。逆に、「あの人は私のことを避けているのではないか」と何となく感じることもあるでしょう。それは、相手から直接そう言われたわけではなく、相手の自分に対する接し方からそう感じるのです。私たちは、自分に対する相手の接し方に非常に敏感なのです。一般的に、自分に対して肯定的な感情や態度で接してくる人には肯定的な感情や態度を投げ返すでしょう。しかし、否定的な感情や態度で接してくる人には否定的な感情や態度を投げ返すでしょう。

非言語コミュニケーションとは、文字通りことばによらないコミュニケーションのことです。具体的には**表3－1**のように、**声の大きさや話す速度、抑揚、身振り、手振り、顔の表情、しぐさ、身体の姿勢**といったものがあります。ある言語に関する実験では、人間のコミュニケーションで何を手掛かりに相手の気持ちや感情を受け取るかを調べました。その結果、ことばは7％、声による表現は38％、顔の表情は55％となったそうです（飯塚、１９９３）。つまり、93％が非言語コミュニケーションなのです。しかも、言語コミュニケーションはある程度コントロールできるのですが、人間の気持ちや感情は、非言語コミュニケーションを通してそのまま表現されるといわれています（深田、１９９８）。「あなたはとても素晴らしい人だ」と言われても、相手の態度や表情が冷たい場合など、言語と非言語の表現が矛盾しているような場合、私たちは非言語を優先して相手の気持ちを読み取っているのではないでしょうか。

3. 援助関係形成に向けたワーカーの態度や姿勢

▼ワーカーのクライエントに対する態度、姿勢や表情の大切さ

このことはワーカーとクライエントとの間についても同じことがいえます。私たちは、クライエントの想いを理解しようとクライエントのことばや態度、姿勢、表情といった非言語コミュニケーションから表現された内容を一生懸命読み取ろうと努めます。しかし、先ほど述べたように、コミュニケーションは双方向のやり取りによって成り立っています。**ワーカーのクライエントに対する態度、姿勢、表情は、ワーカーがクライエントに対して抱いている気持ちや感情として伝わってゆく**のです。

1章でも説明したように、バイステックは、ワーカーがいくらことばで伝えたとしても、本心から思っていないことはクライエントの心の奥底には届かないと述べています。口先だけではどのようなことばを用いても、クライエントはワーカーの態度や姿勢から自分が尊重されていないと感じ取ることでしょう（バイステック、２００６）。

ワーカーの気持ちはいつの間にか態度、姿勢、表情を通してクライエントに伝わってゆくのです。ことばを用いなくとも、ワーカーのクライエントを尊重する態度やクライエントの気持ちを理解しようとする姿勢がうかがわれるならば、そのことがクライエントに伝わってゆくでしょう。

ワーカーのクライエントにかかわる姿勢や態度が援助関係の形成に大きく影響しているのです。この**「ワーカーの態度」「自然な姿」**とはまさに非言語コミュニケーションなのです。

実際、筆者は、福祉現場でのクライエントとのかかわりの中で、非言語コミュニケーションの大切さを経験しました。ワーカーの態度や姿勢は非言語コミュニケーションを通して確実にクライエントに伝わっているのです。とりわけ、言語コミュニケーションの困難なクライエントは、自分を大切にしてくれていると感じることのできるワーカーの近くに寄ってきて、かかわりをもとうとします。その場合は表情も明るく、落ち着いています。しかし、自分を大切にしてくれないワーカーには決して近づきません。そのようなワーカーが近づくとさっとその場を離れようとしたり、表情は険しく、状態も不安定になったりします。当然、ワーカーもそのことを感じています。

クライエントのワーカーに対する態度は、非言語コミュニケーションを通してかなり正直に表現されるのです。ことばだけで、「私を信頼して」と言っても無駄なのです。読者の皆さんはクライエントからどのように思われているでしょうか。それは、まさに皆さんのクライエントに対する接し方や態度が結果となって表われているのです。

▼援助関係形成に不可欠なワーカーの接し方

これまでの説明で、ワーカーの接し方がいかに重要かお分かりいただけたと思います。そこで、ワーカーはどのような態度、姿勢や表情でクライエントに接してゆけばよいのかを整理してみます。それらを考えてゆくにあたって、ワーカーの不適切な態度、姿勢や表情を表に挙げてみました（**表3－2**）。

不適切な態度のワーカーには信頼を寄せないでしょう。そうすると、**表3－3**に示したように、これとは逆の態度、姿勢や表情が求められているともいえるでしょう。ワーカーの専門職として、また、ひとりの人間としてのかかわりが大きく影響するといえます。対人援助に携わるワーカーには、いくつかの基本的素養が求められると思います。

まず、誠実さです。誠実とは、「言動に嘘・偽りやごまかしが無く、常に自分の良心の命ずるままに行動する様子」（『新明解国語辞典』２０００）という意味です。ワーカーは、クライエントのことを思い、クライエントの立場を尊重しつつ、クライエントに寄り添いながらかかわってゆきましょう。親身になってクライエントの話を聞くように努め、真心をこめて丁寧に接してゆきましょう。そして、いろいろな出来事や物事に対してきちんと対応しましょう。ワーカーは、**感情のままに発言したり行動したりするのではなく、専門職としてどう振る舞うべきか**を考えましょう。物事を嘘で固めたり、いい加減な対応を行なっておきながら表面的に取り繕ったりするのでは、ワーカーとしての誠意を感じることができません。誠実さが感じられないと、不信感、不安が募るばかりです。

次に純粋さです。純粋とは、「その人の考えや行動の中に、利害打算などを意識したところが少しもない様子」（『新明解国語辞典』２０００）という意味です。ワーカーは、自分の利益や都合を

表3-2　ワーカーの不適切な態度の例

・小馬鹿にする ・茶化す ・クライエントの想いを理解しようとしない ・ワーカーの都合を優先する ・自分の立場だけで物事を考えようとする ・自分の利益を優先する ・その場その場で発言内容が変わる	・しっかりと話を聴いてくれない ・退屈そうな態度をとる ・眠そうにする ・親身になって一緒に考えてくれない ・取り組んでくれない ・面倒くさがる ・いい加減な対応をする ・まともに取り合ってくれない	・冷たくあしらう ・自分の考えを押し付けようとする ・否定的な感情を表わす ・約束を破る ・個人情報を他人に漏らす ・不用意な発言をする

［津田作成］

表3-3　ワーカーの適切な態度の例

・クライエントを大切な存在として接する ・クライエントの想いを理解しようとする ・クライエントの想いを尊重する ・クライエントの利益を優先する ・発言内容に一貫性がある	・じっくりと話を聴いてくれる ・親身になって話を聴いてくれる ・一緒に取り組んでゆこうという態度をとる ・きっちりと対応する ・温かい態度で接する ・肯定的な感情を表わす	・約束を守る ・個人情報を他人に漏らさない ・必要な情報提供を行なってくれる ・必要に応じて的確な助言をする

［津田作成］

優先したり、想いを押し付けたりするのではなく、**クライエントの立場に立って考え、クライエントの利益を優先する**ように接してゆきましょう。ワーカーのよこしまな想いが見え隠れすると、非言語コミュニケーションを通してクライエントに伝わってゆくことでしょう。

一方、ワーカーは自分自身の気持ちや感情に素直になりましょう。ワーカーも自分なりの価値観や感情をもっています。クライエントに対する否定的な想いも決して覆い隠す必要はありません。**自分の想いを素直に認めて、自分自身のクライエントに対する接し方を振り返り、その上でどうクライエントに接してゆくべきかを考えてゆく**ことが大切なのです。

さらに、温かさです。温かいとは、「気持ちが通いあって、違和感を感じない」という意味で、温まるとは、「気持ちが安まる（なごむ）」といった意味です（『新明解国語辞典』２０００）。冷たい態度や否定的な態度でクライエントに接するのではなく、クライエントがほっとする、安心する、落ち着く雰囲気を醸し出すことが大切です。クライエントは安心するまでは表面的なことしか表現しないでしょう。クライエントがありのままの自分、自然な姿の自分を表現できる雰囲気づくりを心がけましょう。**笑顔や温かいまなざしで接し、クライエントの想いに共感する表情、じっくり構えて、じっくりとかかわるという姿勢**が何よりも重要です。感情的に怒らないことや険しい表情、怒った表情をしないように心がけましょう。

誠実さ、純粋さ、温かさ、いずれも似通ったことばですが、人が人に接する基本姿勢ともいえる素養なのです。

そのほか、**クライエントの身体的特徴や癖、さらには障害特性などを捉えて笑いものにしたりからかったりしないように**しましょう。このような差別や偏見とも受けとめられる接し方は厳に慎むべきです。

▼話しやすい雰囲気づくり

温かさを十分発揮するために、クライエントが話しやすい雰囲気、ありのままの自然な姿を表現できる雰囲気を醸し出すにはどうすればよいのでしょう。

それにはワーカー自身が時間的にも精神的にも落ち着いた状況をつくっておかなければなりません。時間がないとき、次の用事が気になっているときなどはクライエントとしっかりと向き合うことはできません。そわそわした態度やよそ事を考えている様子はすぐにクライエントに伝わってしまいます。施設などでワーカーがクライエントとかかわる際に、何か別のことをしながらクライエントとコミュニケーションを取ってしまうことがあります。これも、クライエントからすると、自分に集中していない、面倒くさそうにしていると思い、表面的なやり取りしかできないでしょう。**「今はあなたに集中していますよ」という態度や姿勢でかかわってゆきましょう**。大切な話や込み入った話のときは、立ち話程度でやり取りするのではなく、十分な時間を取って面談を行ないましょう。プライバシーが保たれる部屋で座ってじっくり話し合いのできる場の設定も不可欠です。

そして、**クライエントの話を一生懸命聴きましょう**。これを**傾聴面接**といいます。クライエントの話に耳を傾けて心から聴くということです。クライエントの訴えはどのようなもので、どのようなことを主張したいのか、どのような想いを抱いているのかをしっかり聞き取りましょう。そのために、クライエントの話は最後までしっかりと聴き、話の途中で早合点してしまわないようにしましょう。話の途中で、「○○ということですね」と先走って言ってしまうと、「まだ話の途中なのに……」「そういうことではなくて……」「最後まで聴いてよ」といった想いをクライエントに抱かせてしまうかもしれません。

▼クライエントのペースを大切に

援助開始と同時にすべてのクライエントがワーカーに対して信頼を寄せ、援助関係を形成できているわけではありません。このような状態で援助を開始しようとしても、スムーズな援助を展開できません。そもそもワーカーとはいったい何者なのか、何をする人物なのか、といった疑問がクライエントの中にはあります。ときには、過去に福祉サービスを利用してワーカーという職業に不信感を抱いているクライエントもいるかもしれません。このようなクライエントに、「私は福祉の専門職で、あなたの生活を援助します」と言っても、まったく取り合ってもらえないでしょう。社会福祉施設の利用についても同様です。施設利用を開始したものの、ワーカーである職員に対して心を開かないクライエントも多くいます。

いきなりワーカーが「援助します」と言っても、何をする人か分からないと、クライエントに相手にしてもらえないでしょう。まずは、クライエントに「悪い人ではない」と思ってもらうことが大切です。いきなり本題を話しかけるのではなく、**雑談から入ってある程度の関係性を形成することが重要な場合**もあります。クライエントの日常生活に関する話題を広げてゆくのもよいでしょう。また、**クライエントの興味や関心のある話題を取り上げてゆく**のもよいでしょう。クライエントとの波長合わせも重要な関係づくりだといえます。

援助者としてのかかわりだけを前面に押し出すのではなく、人としてのかかわりを心掛けるべきでしょう。白石大介は、人と人がコミュニケーションを交わしながら形成される人間関係には、「心と心が触れあい、人格と人格が交わる中で、共感しあい理解しあう」ことが重要だと述べています（白石、１９８８）。人間的なふれあいを通して信頼関係が徐々に育まれてくるのではないでしょうか。

▼信頼に繋がるワーカーの援助活動

ワーカーのクライエントに対する接し方、態度に加え、援助活動そのものも大きく影響します。クライエントの援助に必要な事柄をしっかり実行しましょう。ワーカーの誠実な態度や行動は、きっとクライエントの心に響くことでしょう。クライエントが、ワーカーは自分のためにやるべきことをきっちりやってくれる、自分のために情報提供をしてくれる、自分のために動いてくれると実感したとき、ワーカーに信頼を寄せるようになるのです。**具体的なワーカーの活動を通して、**

徐々にクライエントはワーカーの誠実さや純粋さ、さらに自分を大切に思ってくれているといったことを感じ取ることでしょう。具体的な働きかけについては、6章で詳しく説明します。

4章　面接のはじめから終わりまで
――ケースワーク面接

　ワーカーの働きは職場によってさまざまです。初回面接の結果、他の機関や施設へ紹介する場合もあるでしょうし、継続的に面接を続ける場合もあります。ここでは、面接のはじめから終わりまでを、経過を追いながら見てみましょう。

〔はじめての面接〕（初回面接）

　クライエントはいろいろな不安や抵抗を感じているに違いありません。しかし、そうした人を迎えるワーカーも、特にまだ実践経験が少ない頃にはけっこう緊張するものです。クライエントはどんな人だろうか、ワーカーである私に自分の悩みや困っていることを話してくれるだろうか、上手く援助関係が築けるだろうか、といったさまざまな不安が起きてきます。一回目の面接が無事に終わったとしても、次の面接に戻ってきてくれるか心配です。いったん面接室に入ると、ワーカーはクライエントと二人きりです。誰にも助けを求めることはできません。ですから、初心者のワーカーにとって、面接は心細い経験です。でも、あまり心配しないで下さい。何回か面接を続け、経験を重ねてるあいだに、そういった心配は少しずつですが減ってきます。そして経験が自信に繋がってゆきます。ただし、それが過信にならないように注意しましょう。ワーカーはクライエントという「人」に接し、「人」の人生にかかわる仕事をしているのです。慎重に話し合いましょう。そして、なによりも相手を尊重し、傷つけることがないようにしたいものです。

(1) クライエントとの出会いの場所：ワーカーがはじめてクライエントに出会う場所はさまざまです。その多くは社会福祉機関とか病院の待合室でしょう。病院によっては、医療相談のための待合室はなくて、他の大勢の患者と一緒に待たなくてはならないところもあるかもしれません。また患者を病室に訪ねるとか、家庭訪問したときがクライエントと初対面だということだってあるでしょう。

待合室ならば、クライエントがどんな風にして待っているかを素早く観察しましょう。クライエントは心配そうにしているかもしれません。家族と口論していることさえあるでしょう。家族が自分を無理に病院や福祉機関に連れて来たと怒っているかもしれません。ですから、ワーカーなんかに会いたくない、という人がいても不思議ではありません。もし、そうだとすると、ワーカーがすぐに面接室に案内するのは難しいでしょう。

(2) 腹を立てているクライエント：待合室でクライエントが怒りを爆発させたら、どうしたらいいのでしょう。待合室のような大勢の人がいるところで腹を立てている人の怒りをすぐに鎮めるのは難しいことです。できれば、面接室まで一緒に行くといいでしょう。「どうぞ、私たちの部屋にいらして下さい」と言って、一緒に歩いて行きましょう。この一緒に歩くことがクライエントと人間関係を築く第一歩になる可能性を与えてくれます。

また、親に無理に連れてこられた十代の青少年ならば、ワーカーに対してはじめから腹を立てているかもしれません。どんな時と場合でも、怒っている人に接することはとても難しいことです。腹を立てているクライエントのそばに一緒に座り、怒りが少しずつ冷めるのを待ちましょう。ただし、実際に腹を立てているクライエントに対応するワーカーの心理的な負担はとても大きいものだと思います。ワーカーだって人間です。こちらも腹が立ち、焦り、いらいらすることだってあるでしょう。教科書には「クライエントの受容」と書いてありますが、本で読むのと、実際に体験し実践するのとでは大違いのときがあるでしょう。そんな場合には、まず、自分は「腹を立てている」「いらいらしている」「おろおろしている」ということを正直に認めることから出発しましょう。クライエントを受け入れる前に、まず、今の自分の気持ちを素直に認めることからスタートです。

1. まず、自己紹介

クライエントに会ったら、まずワーカーの方から「○○さん、こんにちは。私が担当ワーカーの○○です」と自己紹介をしましょう。クライエントの名前が分かっていれば、名前を呼んでから挨拶をしましょう。同じくらい大切なことは、話すときの声の高低です。非常に高いトーンとか低いトーンで話すワーカーは注意しましょう。さらにトーンよりももっと大切なのは、クライエントが親しみを感じられる表情です。よく「目は口ほどにものを言う」と言いますが、まったくその通りです。さらに、自己紹介をしない、挨拶をしない、お辞儀をしない、クライエントの顔も見ない、というようなワーカーでは困ります。

クライエントの話を聞く場所はさまざまです。どこであっても、「今日は、どんなご用件でしょうか」と、クライエントの顔を見て丁寧に声をかけましょう。クライエントが話し始めたら、そのことばに熱心に耳を傾けましょう。「そうですか」「それで？」といったワーカーの簡単なことばでも、心を込めて言うことが、クライエントに自分の置かれている状況や将来への不安、あるいは援助への期待などを話すのを促すでしょう。もちろん、面接室や受付のカウンターであっても、患者やその家族に、「よくいらっしゃいました」「貴方が来られるのを待っていました」という気持ちを笑顔で伝えることができれば理想的です。部屋へ招き入れるしぐさ、「どうぞお掛け下さい」と手で示すとか、「どうぞ」と言って、クライエントが座るのを促すときの手や身体の動き、身体が不自由な人ならばちょっと椅子を引くとか身体を支えてあげる動作から、ワーカーの温かさ、クライエントへの思いやり、いたわり、あるいは尊重の気持ちが伝わると思います。

多くのソーシャルワークの本には、「できるだけ早く、クライエントの問題の核心に迫るように」と書いてあります。それは非常に大切なことです。しかし、クライエントが不安そうな表情を見せるとか、緊張しているとか、窮屈そうだと感じたら、「よく雨が降りますね」といった具合に、日常的な会話を差し挟むことで、クライエントの緊張をほぐすことができるかもしれません。しかし、面接でのこういう会話は必要最小限にとどめるべきです。

ワーカーの一人ひとりが外見も性格も違うように、その持ち味も違います。ですから、同じ「温かさ」を伝えるのでも、クライエントと顔を合わせただけで自然に温かさを伝えることができるワーカーもいるでしょうし、「どうぞお掛け下さい」と言って、椅子を手で指すときのしぐさや動作から「温かさ」を伝えるワーカーもいると思います。また、クライエントの話を一生懸命に聴き、クライエントの気持ちを汲んでことばで言ってあげることで、「分かってもらえた」といった気持ちを実感させることができるワーカーもいるでしょう。ワーカーの態度にも、他の人と同じようなところもあれば、そのワーカー独自のものもあります。ですから、ワーカーは自分の持ち味をよく理解しましょう。

2. 主訴

　クライエントが自分から「○○で困っています」とワーカーに相談する内容を、**主訴**（しゅそ）と呼んでいます。つまり、クライエントが自分からどんな援助が欲しいかと訴えている内容のことです。それはクライエントが最初に求めた援助ですから、ワーカーはその求めを尊重し、その訴えに耳を傾けましょう。しかし面接が進むと、クライエントが最初に求めた援助は必ずしもクライエントが一番必要としているものではないことが分かってくることがあります。ですから、ワーカーは主訴に十分注意を払いながら、クライエントにとって本当に必要なものが主訴以外にあるかもしれないと考えておく必要があるでしょう。

　クライエントの中には、本当のことを話すのは恥ずかしいと思って話題を逸らすとか、嘘ではないにしても見栄を張るとか、さまざまな理由で自分の問題以外のことを話すことがあります。こんなことをワーカーに話すのは恥ずかしい、こんなことを話したらワーカーに変な目で見られるのではないか、という気持ちがあるからかもしれません。

　また、クライエント自身が自分の気持ちに気づいていないときがありますが、ワーカーに自分の気持ちや経験を話している間に、自分の心の中に何があるのか少しずつ気づき始めます。もちろんはじめのうちは、出会ったばかりのワーカーを信頼してもいいのかと迷うでしょう。ですから、ワーカーは急がず慌てず、クライエントと「ともに歩む」という姿勢で接してゆきましょう。

いくらワーカーが注意を払い、気配りをしても、クライエントの中にはひけ目を感じたり、卑屈になったり、恥ずかしがったり、腹を立てたり、怒りをぶつけたりする人がいます。その背後にはワーカーに対する不安もあれば、これからどうなるのだろうという心配や迷いがあるのかもしれません。

こんなときこそ、ワーカーはクライエントの話に耳を傾けましょう。**傾聴**です。例えば、生活保護をはじめ、さまざまな経済的な援助を求めてやってくるクライエントは、生活保護が受給されなかったらどうなるだろうかと心配しているに違いありません。ですからワーカーは、申請を受け付けるときに、クライエントの気持ちを傷つけないように注意しましょう。援助を求めてきた人はなんとなく引け目を感じています。仮に援助を受ける条件を十分満たしていても、実際に援助が決定されるまでは不安なのです。ワーカーはクライエントのそうした気持ちに配慮したいものです。

経済的な援助が受けられても、その額は必ずしも申請者が望んだほどではないことが多いでしょう。「なんだ、これだけか」という反応によく出合います。そして、その不満や怒りがワーカーに向けられることがあります。多くの場合、最初の反応は**失望**です。そして、失望が**怒り**に変わります。ワーカーはクライエントのこうした怒り、不満、失望、悲しみといったさまざまな否定的な感情の爆発に出合うことを覚悟しておきましょう。前もって予想し、考え、イメージを描くことが、少しでもワーカーに気持ちの余裕を与えてくれると思います。

3. 申請を受け付けるとき

生活保護をはじめさまざまな援助を受け付けるための面接ならば、ワーカーは自己紹介をした後で、「どんなご用件でしょうか」と尋ね、それから何故援助が必要なのかを話してもらいましょう。クライエントがどんな状態にあり、どんなことで困り、どういう援助をして欲しいか説明するのを聴きましょう。援助を求めるクライエントの中には、援助を受けるのは当然の権利だと高飛車に出る人もいますが、そうした人も心の中では「もし援助をもらえなかったらどうしよう?」という不安があることを、ワーカーは覚えておきたいものです。

クライエントの中には援助を受けることを「恥ずかしい」とか「情けない」と感じている人もいます。そうした気持ちを打ち消そうとするかのように、ワーカーに対して攻撃的な態度を取ることもあるのです。こうした人の面接はとても難しいと思います。しかし、なぜ相手がそういう言動に出るのかが分かると、クライエントの難しい態度も比較的受け入れやすくなるのではないでしょうか。

4. 熱心に耳を傾ける

良い面接の条件の一つは、クライエントに沢山話してもらい、ワーカーはそれに耳を傾けることだと思います。ワーカーはまずクライエントの顔を見ましょう。視線を合わせましょう。クライエントが話し始めたら、一生懸命に耳を傾けましょう。「よく聴いていますよ」ということを伝えるために、「ふん、ふん」「そうですか」と言ってうなずきましょう。また、「話す」「聴く」といったことばによるコミュニケーションも大切ですが、面接ではことばによらない「非言語的なコミュニケーション」がことばと同じくらい大切です。相手に「話を続けて下さい」「私は聴いていますよ」ということをことばで伝えるだけでなく、相手をやさしく見つめる、相手の話にうなずく、大切な内容には身体を乗り出して聴く、話の内容に応じた表情をするといった非言語的な方法で対応しましょう。そして、「貴方の気持ちは○○なのですね」といった具合に、相手の気持ちを汲んで「貴方の気持ちは分かりました」ということを伝えましょう。

「ふん、ふん」「そうですか」「それで」といった簡単なことばでも、クライエントに話を続けるように促すことができます。相手の話を聴きながら、「うなずく」ことも同じような働きをします。クライエントが話したことをそのまま繰り返すのもいいでしょう。これは「内容の反射」といわれる応答の仕方です。こうした応答は「一生懸命に聴いていますよ」と相手に伝えることができます。

また、相手の気持ちが分かったら「それは淋しかったでしょう」「それは辛いですね」「それは嬉しいでしょう」といった具合に相手が感じている気持ちをことばにして返しましょう。そうすればクライエントは、「このワーカーは私の気持ちを分かってくれる」と感じることができます。これが「感情の反射」です。

5．ワーカーの在り方と面接

ワーカーの面接は、ワーカーがどんな機関や施設で働いているかによっても大きく違います。入所施設やデイサービスのようなところでは、ワーカーはクライエントと長時間接します。デイケアのような機関では、プログラムの合間にちょっと時間があったので話し合うといった具合に、あまり時間や場所にこだわらない「くだけた」形式の話し合いになります。一方、病院、児童相談所、診療所などの前もって予約をして会う社会福祉機関もあります。その場合は、面接の長さも前もって決められていることが多いものです。

ひとりのワーカーとひとりのクライエントはそれぞれこの世界にたったひとりしかいない存在です。したがって、二人の間に結ばれる人間関係はその人たちだけにしかない独自のものです。ただ、それと同時に、すべてのワーカーとクライエントの間に展開される人間関係と共通するところもあるはずです。ですから、ソーシャルワーク面接は、独自性と共通性の間を行ったり来たりしながら進められてゆくものだと思います。つまりクライエントは、ときには、こんな苦しみは自分だけにしかないという気持ちを味わい、ワーカーもそれを認めて受け入れますが、またそうした気持ちや問題は、そのクライエントとワーカーだけが経験しているのではなく、すべてのクライエントとワーカーが経験していることでもあるのです。

ワーカーがクライエントに接するときには、クライエントの気持ちに寄り添い、悩みに耳を傾け、相手が感じるようにワーカーも感じようとします。それが**共感**です。このことはワーカーがクライエントの気持ちに限りなく近づいた状態であると言えるでしょう。しかし、その近づき方は自分の個人的な経験だけではなく、ワーカーとしての広い知識と経験をもとにしたものであって欲しいものです。ですからワーカーは、クライエントとその置かれている状況を冷静に見つめることが大切です。**面接**というのは、ワーカーがクライエントの心に近づき、気持ちを共にする主観の世界と、もっと距離を置いて遠くから見つめる客観の世界との間を行ったり来たりしながら進んでゆくものです。

ワーカーが気持ちを共にする主観的な世界というのは、クライエントの感情の世界に近づくことだと思います。ワーカーに気持ちを汲んでもらい、自分の気持ちを理解してもらえたときに、クライエントは自分の心の中をワーカーに見せ、心の奥にあるものを訴えることができるのです。一方、ワーカーの客観の世界とは、クライエントがどんな状況で生活してきたか、どんな状況に置かれているかを先入観に頼らないで、感情的になることなく把握することです。

6. ワーカーの不明瞭性

ワーカーはクライエントをあるがままに受け入れ、クライエントが自分の問題を解決しようとするのを助けます。しかし、クライエントの私的な生活の中に入り込むことは慎むべきでしょう。ワーカーはあくまで社会福祉機関の一員としてクライエントを支援しているのです。それがワーカーの中立性に繋がる立場です。ですから、ワーカーは自分の私的な生活のことや考えをクライエントに話すことは控えるべきでしょう。

クライエントから見ると、ワーカーというのは、**不明瞭性**というかよく分からないところをもっている人です。しかし、不明瞭であるからこそ、クライエントは自分の主観的な印象にもとづいて、ワーカーを優しい人、怖い人、温かい人、冷たい人といった具合にさまざまな印象をもつのだろうと思います。つまり、クライエントは自分に一番「都合が良いように」ワーカーを受け取り解釈し、そのイメージにもとづいて接していると言えるでしょう。ことばを換えれば、クライエントはワーカーを、父親、母親、兄弟姉妹、異性、競争相手といった具合に、自分でも気づかないうちに、自分の必要（ニーズ）に応じて特定の人物のように感じ、接しているのではないでしょうか。ですから、クライエントはワーカーを理想化してみたり、逆に理由もないのに怒りをぶつけたりすることがあるのです。ワーカーはこうしたクライエントの心の中の動きを意識し理解しながら、面接を進めてゆきたいものです。

ワーカーがクライエントの心の中を理解しようとして接していると、クライエントは自分が必要とするようにワーカーに接することができるようになるでしょう。この「自分が一番必要とするようにワーカーに接する」という表現が、ワーカーとクライエントの関係を最もよく説明していると思います。ワーカーの中に父親や母親の姿を見出すとか、親から与えてもらえなかった愛情をワーカーに求めようとするなどもその一例です。もちろん、児童養護施設のように長時間子どもと時間を過ごすワーカーであっても、そこにいる子どもから見ると、ワーカーはまだまだ知らないところ、分からないところ、つまり不明瞭なところが多いのだろうと思います。しかし施設に入所している子どもが、指導員をお父さんやお母さんのように慕い、指導員に愛情を求めるのを見ると、実際の親ではありませんが、親のような役割をワーカーに求めようとしていることが分かります。このように、クライエントは自分が最も必要とする人物のようにワーカーになって欲しいと願い、またそれを期待して接してくるときがあるのではないでしょうか。このような現象は、2章で説明した転移、あるいはそれによく似た現象です。

ですから、面接中にワーカーは、クライエントが幼い頃に経験できなかった父親あるいは母親代わりの役割を求められることもあるでしょう。また、男性や女性のお手本として期待されるときがあるかもしれません。ことによると、ワーカーは、クライエントが親に反抗し反発したときと同じように、クライエントの怒りや攻撃性をぶつけられる役割を担わされることもあるのです。こうして、ひとりのワーカーが多くのクライエントから、その一人ひとりが求めるような役割を期待されるわけです。ワーカーはどのクライエントに対しても同じような態度で接しているのですが、それぞれのクライエントは、自分が一番必要とする人物であるかのようにワーカーに接してくることがあります。それはクライエントにとって、父性像あるいは母性像かもしれません。そのほか、愛情の供給者、正義の象徴、依存させてくれる存在、自分にとっての理想像あるいは怒りの対象といった具合に、求められるものは実にさまざまなのです。

ワーカーはすべてのクライエントに対して同じように受容的で温かく接しているのですが、クライエントの方が、自分に最も必要な人物になって欲しいといった感じでワーカーに接してくることがあるのです。

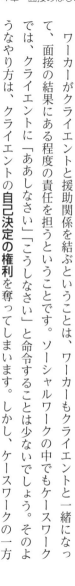

7. ワーカーの役割と今後の進め方

ワーカーがクライエントと援助関係を結ぶということは、ワーカーもクライエントと一緒になって、面接の結果にある程度の責任を担うということです。ソーシャルワークの中でもケースワークでは、クライエントに「ああしなさい」「こうしなさい」と命令することは少ないでしょう。そのようなやり方は、クライエントの**自己決定の権利**を奪ってしまいます。しかし、ケースワークの一方の当事者としてワーカーは、クライエントとの関係を通して、一種の援助者的役割を担う立場に置かれていることは否定できません。

ワーカーが意識しているかどうかに関係なく、ワーカーはクライエントの愛情、敵意、嫉妬、同一化などの対象にされることがあります。そして、それがクライエントにとっては非常に大切な経験になってゆくのです。そうした関係を通して、クライエントはワーカーに支えられ、励まされ、お手本を与えられ、心の栄養物とでもいうべきものをもらって成長してゆきます。

ケースによっては初回面接だけでワーカーとしての役目が終わることもあるでしょうし、他の機関や施設へ紹介すれば一段落することもあると思います。一方、長期的な援助を必要とするために、ある程度の期間、例えば毎週一回面接に来てもらうことも少なくないと思います。また、介護などの場合には、週何度とか回数を決めて家庭訪問を続けることもあります。こうした訪問あるいは面接の予定を話し合うことは、クライエントとワーカーとの間の一種の約束事ですから、できるだけはっきりと具体的に、何を目指すのかを話し合っておくことが大切です。もし定期的な面接や訪問ならば、何曜日の何時から何時までといった具合に決めておくことを勧めます。もちろん、お互いの都合で日取りを変更することも起きるでしょうが、基本的な約束がはっきりしていれば、それにもとづいてその後の計画を立てることができると思います。ケアワーカーの場合には、さらに具体的にどんなことをするかをクライエントに説明して了解をもらっておくことも必要でしょう。

8. 面接時間にまつわる問題——面接時間と今後の説明

面接時間というのは一度決めたら、できるだけそれを守る方がいいでしょう。面接ごとに長さが変わると、クライエントの中には面接時間の長さに関心を向けてしまう人がいるからです。それは、面接時間の長さがワーカーのクライエントに対する関心の強さと受け取ってしまうからです。そうなると、クライエントはなんとかして面接を延ばしてもらおうとして、面接の終わりまで大事な問題を話さないことがあります。ワーカーとしては、面接の最後になって非常に重要なことを相談されると、つい面接時間を延ばしてクライエントの話を聴いてしまいます。一度、こうして面接時間を延長すると、クライエントの中には面接をまた延長してもらおうとして、面接の終わりになってからはじめて大切な問題を話す人もいるのです。したがって、こうした問題を避けるために、「そのことはとても大切なことですから、この次にもっと時間があるときに話し合いましょう」と言って、次の面接が始まったときにそれを取り上げるようにしてはどうでしょうか。

面接時間に関することでは、予約の時間に遅れてくるクライエントの問題もあります。たまたま次の予約がキャンセルになって時間が空いているからといって、遅れた分を延長して面接を続けると、予約に遅れてもワーカーが時間を延ばしてくれると思って、次から予約した時間を守らなくなる恐れがあります。ですから、クライエントが遅れてきたときには、面接を始めるときにクライエントが遅れてきたことを取り上げ、予約した時間内で面接を終了することを説明しておくことが大切です。

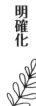

9．明確化

クライエントは沢山のことをワーカーに話します。そして、ワーカーはそれに一生懸命に耳を傾け、理解しようとします。しかし、クライエントによっては話している間に、話の焦点がぶれてきたり、脱線したり、同じ所をぐるぐる廻ったりしてしまうことがあります。そんなときにワーカーは、「と、言いますと？」とか「どういうことでしょうか」といった質問をはさむことで、話をもとに戻すことができるでしょう。また、「貴方が言っておられるのは、○○なのでしょうか」と更に焦点をしぼって確認するのもいいやり方です。

クライエントが話す内容のなかで、一番重要だと思われるポイントをワーカーが繰り返すことによって、クライエントに自分が何を言おうとしていたかをはっきりさせることができます。こうして、クライエントは自分のことや周囲の人のことをワーカーに話している間に、自分が何を考え、何を求めているかに気づくのです。クライエントが話すことはいつでも具体的で、筋が通り、明確であるとはかぎりません。とくに心の中では「好きだけれども、嫌い」「行きたいけれども、行きたくない」と相反する気持ちが入り混じっていることがあります。ですから、異なった感情が共存していることをワーカーが指摘することで、クライエントは自分の気持ちに気づくことがあるのです。そうした経験を重ねてゆくことで、クライエントはワーカーのことを、「この人は私の気持ちを分かってくれる」と思うようになってきます。このことは、クライエントにとってはとても大きな支えになるに違いありません。

また、「と、言いますと?」といった具合に、質問のかたちでクライエントの言ったことをそのまま相手に返すのと同じように、「今話されたことを、もう少し説明して下さいませんか」と、さらに掘り下げる「**明確化**」という方法を使うことも大切な質問の仕方だと思います。

10. 相手のことばを繰り返す

ワーカーの中には、クライエントが話したことをそのまま相手に投げ返す人がいます。たしかに、面接の進め方の中には「**内容の反射**」つまり相手の話したことをそのまま返すことが技法の一つとして挙げられています。ワーカーがクライエントの言ったことを繰り返すことで、クライエントは「この人は私の言ったことをよく聴いてくれている」ということが分かります。さらに、自分が話したことをワーカーが再現してくれるので、クライエントは自分を少しだけ第三者的な立場に置いて、自分が話したことを見つめることができるようになります。ただし、おうむ返し的な「内容の反射」を多用すると、クライエントは「この人は私の言ったことを繰り返しているだけじゃないか」といった気持ちになりかねません。ですから、どんなときにもクライエントの話したことばをそのまま返すのではなく（ワーカー①）、同じ意味であっても、違ったことばを使うことを考えてみましょう（ワーカー②～⑤）。

クライエント「私の父と母はいつも口喧嘩をしているのです」
ワーカー①「お父さんとお母さんはいつも口喧嘩をしているのですね」
▼同じ内容の反射でも、次のように、ことばを少し換えてみましょう。
ワーカー②「ご両親が話し合うとき、すぐ興奮してしまわれるのですね」
ワーカー③「お二人ともすぐ怒ってしまうのですね」
ワーカー④「お父さんもお母さんも、すぐ相手を非難なさるのですね」
ワーカー⑤「いつもお互いに攻撃し合っているといった感じですか」

内容の反射の大切なところは、クライエントが自分の考えていることや話したことを、よりはっきりと見つめることができるようになる点です。その結果、自分の考えをより良く、より深く、ワーカーに伝えることができるようになります。

クライエントが話すことは必ずしも焦点がはっきりしているとはかぎりません。また、クライエントの話すことが問題から外れてしまう場合もあるでしょう。そんなときには、それまで話していた内容の中で最も大切な点（ポイント）を言ってあげることで、もとの流れに戻ることができます。ただし、くどいようですが、内容の反射はクライエントの話したことをすべて繰り返すわけではありません。クライエントが話したことの中から一番大切だと思うポイントにしぼって取り上げましょう。

11. クライエントの気持ちを汲む

面接の技法の中で、「内容の反射」と並んであるいはそれ以上に大切なのが、クライエントの気持ちを理解して「貴方の気持ちは○○なのですね」と言って、「貴方の気持ちは分かりました」ということを相手に伝えることです。それが「**感情の反射**」です。

どんな人でも、誰かに「自分の気持ちを分かってもらえた」と感じることができるのはとても嬉しいことだと思います。そして、それが心の支えになるに違いありません。こうした信頼感は、ケースワークを進めてゆく上でとても大切なことです。そして、クライエントは、「このワーカーは私の気持ちや立場を分かってくれる」と思うようになります。そうした経験がクライエントとワーカーの間をぐっと近づけてくれるのです。

例えば、クライエントの気持ちを察して、「それは辛かったでしょうね」「それは淋しかったでしょう」「それは良かったですね、嬉しかったでしょう」とワーカーに言ってもらったクライエントは、今までよりもワーカーに心を開くことでしょう。

クライエントは、ワーカーに自分の気持ちを分かってもらえたと感じたときに、自分の心の中のもっと深いところにあることを話そうとします。それは悲しみとか怒りといった否定的なものかもしれませんし、嬉しいとか安堵といった肯定的なものかもしれません。いずれにせよクライエントは、ワーカーが自分の気持ちを分かってくれるということが大きな心理的支えになるに違いありません。

また、クライエントの気持ちは、ことばで表現される以上に、姿勢、表情、声の調子といった非言語的な方法で伝えてくることが多いものです。ですから、ワーカーは、クライエントの話すことを聴くことも大切ですが、目でクライエントをよく見ることが不可欠です。

昔から諺で、「目は口ほどにものをいう」と言います。ワーカーはクライエントをよく観察して、ことばによらない非言語的な表現から、クライエントがどんな気持ちを経験しているかを理解しましょう。同様に、自分では気づかないうちに、ワーカーが顔の表情や姿勢で自分の気持ちをクライエントに伝えているということにも注意したいものです。

12. クライエントが事実と違うことを言ったとき

クライエントはいつでも真実、すなわち本当のことを話しているとは限りません。もちろん、本人は嘘をつこうという気持ちはないのでしょうが、別の内容に話が行ってしまうとか、ときには全く反対のことが口から出てきてしまうことがあります。また、ワーカーが喜びそうなことを選んで話すことだってあるでしょう。考えてみると私たちは、日常生活の中でお世辞を言ったり、心にもないようなことを話したり、それほどでもないことに感心して見せたりしています。また、私たちが話したことを、相手の人に全く逆に受け取られることもあります。ですから、ことばというのは、必ずしも「話した通り」には伝わらないこともあるのです。

クライエントが自分の気持ちや考えを素直に話してくれればいいのですが、事実と違うことを話すこともあります。でも、それを非難しないで下さい。クライエントはまだワーカーに自分の気持ちや考えていることを正直に話すことができない事情があるのでしょう。クライエントはこれまでに、何度もだまされたり、裏切られたり、捨てられたりしてきたのかもしれません。ですから、「ワーカーに本当のことを言っても大丈夫かな」と、疑問や不安を感じているのです。そんなときには、クライエントと自分の間に信頼関係が出来上がるまで待ちましょう。もちろん、嘘の中告は指摘しないといけないときがあります。そんなときでも、「貴方は嘘をつきましたね」と真正面から非難するよりも、クライエントの気持ちを慮《おもんぱか》りながら、「貴方の言うことと、実際の状況とは違っているようですが」「担当者としては、本当のことを言っていただけなかったことは辛いし、残念です」といったやんわりとした形で指摘するのもいいでしょう。

13. 要約

クライエントの中には、話があちこちに飛んでしまう人がいます。しかし、記録を取りながら注意深くみると、くねくね曲がったり飛んだりしていても、その中に大切なことが述べられていることに気づきます。ワーカーが面接のときにまず心がけたいのが、熱心に耳を傾ける**傾聴**です。クライエントの話に熱心に耳を傾けていると、その中に繰り返し出てくる内容があることに気づきます。そうした内容には特に注意を払いましょう。

クライエントが「子どものことが心配です」とワーカーに話したとしましょう。しかし、話を聴いている間に、クライエントは子どものことだけでなく、夫が仕事に出かけるときにも不安を感じていることが分かってきました。こんなときに、ワーカーは「○○さんは、子どもさんだけでなく、ご家族の誰であれ、出かけるときに不安を感じておられるようですが」といった具合に、家族全員の外出についてクライエントの気持ちを取り上げて、それについて質問をしたりまとめたり、要約したりすることが大切だと思います。

要約は、次のようになります。

★クライエントの話が散漫になってきたとか、焦点がぼやけてきたときに、話を元に戻すことができます。

★クライエントがどんな状態で、どんな話をしているかを、クライエントに指摘することができます。

★面接の中で、何度も出てくるテーマや問題にクライエントの目を向けさせることができます。

★これまでの面接を振り返って、クライエントの変化を辿ることができます。

実際のソーシャルワーク面接では、クライエントの話すことがあっちに行ったりこっちに行ったりすることが少なくありません。ですから、ワーカーは、クライエントの話したことを頭の中で整理しておくことが必要です。そのためには、クライエントが繰り返して話すこと、クライエントが苦しんでいること、クライエントが疑問を抱いていること、クライエントが悩んでいることなど、内容ごとに分けてみるのもいいでしょう。よく出てくる話題の頻度とその順番にも注目してみましょう。こうした整理のやり方はワーカーによって違いますが、なんらかの方法でまとめをしておくことをお奨めします。

14．相手が黙っていたら→沈黙の尊重

私たちの日常生活の対話では、お互いに何も言わないで**沈黙**が続くことは、決して歓迎される状

態ではありません。会話の最中に沈黙が起こると気まずく感じますし、少しばかり慌てます。そして急いで何かを言わなくてはならないという気持ちになります。

でも、どうして私たちは沈黙を嫌がるのでしょう。こんな例を考えてみて下さい。もし、誰か親しい人が間違ったことをしていたら、私たちはすぐに「間違っていますよ」と言って注意してあげます。でも、全く知らない人が同じことをしていても、いちいちそれを取り上げて止めるようには言いません。こうした日常生活での経験からでしょうか、私たちのこころの中で、「黙っている」ということは「無視している」のと同じであると考えるようになってしまったのかもしれません。

ですから、ワーカーであっても、クライエントが何も言わないでいると、心のどこかで「私はクライエントを無視していると思われるのではないか」といった心配が頭を持ち上げてくるのでしょう。あるいは、沈黙という状態が「気まずい」雰囲気を作り出すので、私たちは慌てて沈黙を破ろうとするのかもしれません。しかし、沈黙にもいろいろあります。恥ずかしいから黙っている、不安で何も言えない、どのように言ったらいいのか迷っている、相手にすべてをお任せする依存的な沈黙など、さまざまです。あるいは自分が言いたいと思っていたことがやっと言えたという安堵の沈黙もあるでしょう。

ワーカーにとって難しいのは、いつでも沈黙を尊重していると、クライエントは「無視された」と思うかもしれないことです。また、クライエントの中には、面接を一問一答の場所だと考え、ワーカーが答えを出してくれると思っている人がいます。なかには「長い間胸の中に溜めていた想いをワーカーに伝えることができたので、「やれやれ言えた」という安堵のような沈黙もあるでしょう。

　このように、沈黙にはいろいろな形があるので、一つの公式ですべての沈黙に対応する仕方を説明することは難しいと思います。ただ、最大公約数的には、クライエントが始めた沈黙はクライエントに破ってもらい、ワーカーが始めた沈黙はワーカーが破るというのが一つのやり方だと思います。また、沈黙が始まったら、しばらく沈黙を尊重してワーカーも黙り、沈黙があまりにも長く続くようでしたら、ワーカーが発言あるいは質問するというのも一般的なルールとしてはいいでしょう。

15.「大丈夫ですよ」と言ってもいいのですか

　私たちは困っているクライエントを見たときに、励まそうと思って「大丈夫ですよ」「案ずるより産むはやすしですよ」と言ってあげたい誘惑に駆られます。しかし現実の生活では、大丈夫という保証は何処にもないことが多いのです。また、安易に「大丈夫」と言ってクライエントの不安を拭い去ってしまうと、クライエントは安心して、自分から挑戦しよう、問題を解決しようという気持ちを失ってしまうことがあります。ですからワーカーは、クライエントのためにすべてのことをやってあげ、解決してしまうのではなく、クライエントが問題を解決するのを側についていて見守り、助けるのが役目です。ただ、クライエントがあまりにも不安に翻弄されているとか苦しんでいるならば、「貴方だけでなく、多くの人が同じような問題で苦しんでいるのです」と言って、彼（女）だけが苦しんでいるのではないことを伝える「**一般化の支持**」を使うのも良いでしょう。

ある病院のワーカーは、出産を前に非常に強い不安を感じている患者に、「産まれてくる赤ちゃんは、みなそれぞれのお母さんに会うようにお腹の中で育ってくるのですから、元気で産まれてきますからね」と言って、安心してもらいました。こうしたことばが、クライエントとともに歩もうとしているワーカーの、クライエントに対する想いを表現しているのではないでしょうか。

不安の強いクライエントに出会ったときには、誰でも「大丈夫ですよ」と言って安心させてあげたいという気持ちになると思います。しかし、「大丈夫ですよ」と言ってそのときは安心させることができても、結果がその通りになるかどうかは保証の限りではありません。また、何でも安心させるといった面接の進め方は、クライエントのワーカーに対する依存心を高めてしまう可能性があります。ですから、こんなときには「力を合わせてやってゆきましょう」といったことばで、クライエントも努力しワーカーも努力します、といった励まし方が望ましいのではないでしょうか。

16. 生育歴

子どもを主たるクライエントとする児童相談所（家庭児童相談室）などでは伝統的に生育歴を重

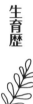

視してきました。筆者は初回面接のときに、できるだけ子どもが生まれ育った家庭環境、とくに親による子どもの育て方とか夫婦を中心とする家庭内の人間関係について聴くようにしていました。今でも、相談業務を主としている機関や施設では、相談申込書に家族構成員の年齢、性別、職業といった情報を記入してもらうところが少なくありません。その中に子どもの簡単な生育歴を記入する欄がついています。

ただし、最近では、過去のことを取り上げるよりも「現在の状態」に焦点を合わせることが多くなってきました。つまり最初の面接で、クライエントの幼いときからの成長を追って情報を集める施設や機関は少なくなってきています。また、生育歴を大切に考える社会福祉機関でも、幼いときから現在に至るまでの情報を聴くよりも、現在の問題への父親や母親のかかわり方を聴いて、必要ならば過去の状態に遡るというやり方が主流になってきています。そして、その後の面接で得られる情報をもとにして、クライエントの現在の状態を理解しようとしているようです。しかし、個人あるいは家族を担当するケースワーカーにとって、クライエントとその家族を理解することは非常に大切なことですから、家族について取り上げる事項をコラム5で紹介します。すべてのクライエントにすべての項目を尋ねることはできませんし、その必要もないでしょう。また、自分の幼いときのことは当人は覚えていないものですが、親とか親戚からいろいろ聞いているかもしれません。ここでは参考のために少し詳しく紹介します。

コラム5　クライエントの生育歴と家族構成

・来談者氏名：性別、年齢、住所、電話、学歴、職業、結婚、経済状態、病歴など。
・家族員氏名：性別、年齢、学歴、職業、結婚、家庭内の雰囲気、経済状態など。

〔問題について〕どんなことで困っていますか。どんなときに困っている状態が起こりますか。その結果何が原因だと思いますか。問題を解決しようとして、これまでどんなことをしましたか。その結果どうなりましたか。これまでにどんな病気をしましたか。どんな治療を受けましたか。その結果、どうなりましたか。これまでどんな機関に相談しましたか。

〔赤ちゃん時代〕生まれた頃はどんな赤ちゃんでしたか。どんな環境でしたか。どんな家庭の雰囲気でしたか。主に誰に育ててもらいましたか。どんな育て方でしたか。

〔保育所・幼稚園・小学校時代〕どんな子どもでしたか（性格、仲間や先生との人間関係、遊び方など）。保育所や幼稚園あるいは学校へすぐに適応できましたか。友だちとはどうでしたか。

〔中学・高校・大学時代〕どんな少年・少女・青年でしたか（性格、仲間や先生との人間関係、交わり方や遊び方）。学校への適応（勉強、成績、仲間グループでの役割や存在感）。異性への関心と交わり方。性の芽生え、家庭の状況、思想や人生観への目覚めなど。

〔家庭について〕父・母・養父母について：年齢、性格、生い立ち、学歴、職業。家庭生活、社会生活、収入、趣味。どんな父親や母親でしたか、父母の間の人間関係、お互いへの態度、子どもに対する態度、教育やしつけへの関心。兄弟姉妹について：年齢、性格、学歴、職業、兄弟姉妹関係、クライエントとの関係。

〔結婚後の生活〕配偶者の年齢、性格、学歴、職業、収入、家庭内での行動や役割、クライエントとの関係、結婚までの経緯、結婚後にみられた配偶者の変化、ふたりの関係の変化。

〔経済状況〕現在どのような仕事についていますか。これまでどのような職業を経験しましたか。

〔趣味、休日の過ごし方〕

17. 質問

ソーシャルワークを進めてゆく上で、ワーカーがクライエントに質問することは当然です。ただ、質問の中には、「どういうことでしょうか」とクライエントがすでに話したことをもっと詳しく説明してもらいたいという場合もあります。また、「と、言いますと？」といった具合に、クライエントが話したことをもう一度繰り返して話してもらうような問いかけもあります。さらに心の深いところを説明してもらうために「○○とはどういうことでしょう」といった具合に、クライエントの話したことのある部分に焦点を当てて説明してもらうような尋ね方もあります。

また、「はい」「いいえ」で答えられる質問は全く不要かというと、そうでもありません。クライエントの中には、「如何ですか」と尋ねられると、どう答えていいか分からないという人も大勢います。その答えの難しさの理由は「如何ですか」という質問では、余りにも沢山答えの可能性があって、何をどう言ったらいいか迷ってしまうからでしょう。ですから、話すことに抵抗がありそうなクライエントには、まず「はい」「いいえ」で答えられる質問から始め、できるだけ早く「はい」「いいえ」で答えられない質問に切り替えてゆくのも面接の進め方のひとつでしょう。

はい・いいえで答えられる「閉ざされた」質問でも、はい・いいえで答えられない「開かれた」質問でも、ワーカーはクライエントがゆっくり考えるのを待つという配慮がなくてはなりません。そんなときには「これは大事なことですから、よくお考えになってからでいいのですよ」と言ったことばや態度が、クライエントの慌てる気持ちを少しでも和らげることができるでしょう。ワーカーの相手をこうして慮《おもんぱか》る気持ちとその表現がクライエントとの間により良い援助関係を築くのです。

18. 不一致の指摘

クライエントの話すこととやっていることに食い違いがあるとか、話すことと表情が一致していないとか、クライエントの話していることとの間に矛盾があるようなときには、そのことを指摘することが必要な場合があります。

だからといって、ワーカーがクライエントの話の矛盾とか感情と表情の不一致をすぐに指摘することは、クライエントの気持ちの中に土足で上がってゆくようなことだと思います。ですから、クライエントが矛盾したことを何度も言ったりやったりするのを十分に確かめた上で、「やんわり」と「遠慮がち」に指摘する方がいいでしょう。

例えば、クライエントはこれまでの面接で「仕事を探します」と言っていたのに、全く探しませんでした。そこでワーカーは、「○○さんはこの前の面接では『ハローワークに行ってみる』と言われましたが、何か行けない事情がおありだったのでしょうか」といった具合に、やんわりと指摘するのも一つの方法です。

母親が「娘の○○は可愛いけども、時々子育てが嫌になって、どうしてこんな子を産んでしまったのだろうと思うときがあるのです」と話したときに、ワーカーは、「子どもさんは可愛いけれども、時々子育てが重荷に感じることがあるようですね」とクライエントの二律背反的な気持ちを取り上げ、理解を示すこともあります。ただ、こうしたことばはクライエントの気持ちを十分慮《おもんぱか》る態度の裏付けがなくてはなりません。

こんな場合に大切なことは、クライエントについて、①話したこと、②やっていること、③それらと表情の間の食い違い、つまり不一致があったら、それを「やんわり」と指摘することです。そして、クライエントがどう反応するかを観察しましょう。クライエントはワーカーの指摘を否定することもあると思います。そんなときには、無理にそのことを取り上げようとしないで、「まだ、取り上げる機が熟していない」と考えましょう。

こうした方法を使うときに注意したいのは、ワーカーとクライエントとの関係です。良い人間関係があれば、少し積極的に直面化をしてもクライエントは受け入れるでしょう。仮に受け入れなくても、「しこり」は残りません。逆に、両者の間に良い援助関係がまだ十分に出来上がっていないときには、慎重な態度をとる方がいいでしょう。つまり、ごく少しずつ質問をするわけです。また、クライエントが自分の「不一致」や「矛盾」に気づいたからといって、何か行動に変化が起こることは期待すべきではありません。頭で考えることと、実際にそれを行動に移すことは違う次元のことです。ただ、クライエントがそれに気づくことは、自分を理解しはじめる第一歩でもあるでしょう。

ときには、ワーカーは自分自身と向き合うことを求められることがあります。例えば、クライエントの悩みとか困っている問題を話し合っているときに、若いワーカーはよく、「先生は結婚しているのですか」とか「先生には子どもがおありですか」といった質問を受けることがあります。クライエントの心の中には「結婚していないワーカーに、夫婦の問題は分からないでしょう」とか、「子どもを育てたことがないような若いワーカーだったら、子育てのことなんか分からないでしょう」といった気持ちが隠されていると思います。あるいは、ただなんとなく興味本位でそんな質問をしたのかもしれません。

そんなときに、ワーカーがうろたえて、自分の若さを隠そうとして嘘をついたりするのはよくありません。「○○さんは、私が若いので、夫婦の問題が分かるのかとご心配のようですね」とクライエントの気持ちをことばにして言うのもいいでしょうし、「いいえ、結婚していないのですよ」とさらりと答えるのもいいでしょう。大切なことは、そんなときにワーカーが動揺してしまわないことです。しかし動揺してしまったら、自分の心の中で、「クライエントの質問で私は動揺してしまった」ということを正直に認めることです。これはクライエントに対することだけではありません。ワーカーは自分の仕事についても、同じように正直で率直な態度で対応したいものです。

19. 情報を伝える

福祉の第一線では、ワーカーがクライエントにさまざまな情報を提供する機会が少なくありません。クライエントの住む地域にはいろいろな社会福祉施設があるだけでなく、多くの機関が住民のために沢山のサービスを提供しています。ですから、ワーカーはその地域にどんな施設や機関があり、どんなことをやっているかという情報に通じていなくてはなりません。新しい地域に着任したワーカーは、まずその地域にどんな社会福祉施設やその関連機関があるかを勉強することから始めましょう。ときには、クライエントと一緒に必要な社会的資源を探すこともあるでしょうし、先輩に尋ねることも必要です。地域の福祉施設だけではなく、関連機関や施設を訪問し、地域についての情報を増やしましょう。そうした努力を続けることで、新任のワーカーもやがてベテランのワーカーに育ってゆくのです。クライエントの成長も一歩ずつですが、ワーカーの成長も一歩ずつです。

ワーカーは百科事典ではありませんので、すべての情報をひとりで手に入れることは不可能です。誰のところへ行けばどんなことを教えてもらえるのか、どの機関に行けばどんな情報が得られるのかを知っていることはとても大切なことです。そうすればクライエントの必要（ニーズ）に応じて、情報のあるところへ紹介することができるからです。

注意しなくてはならないのは、「情報の提供」は忠告ではないということです。忠告というのは、「どうすればよいのか」といった問題の解決方法とか「どうすべきか」を「教えてあげる」ことです。これに対して**「情報の提供」**というのは、ワーカーはクライエントにとって必要な情報を示しますが、その中からどれが必要かの判断は、あくまでクライエントの選択と決定であるという点です。

「情報の提供」という枠をはみ出して、ワーカーが「これはどうですか」とクライエントに勧めて、その結果が良かった場合、クライエントは次もどれをやればいいのかをワーカーに教えてもらおうと依存的になりがちです。逆に、もしワーカーが勧めた結果がうまくゆかなかったら、「なんだ、このワーカーは駄目じゃないか」という気持ちになりがちです。ですから、情報を提供する場合でも、クライエントの選択と決定をワーカーが尊重することが大切なのです。

情報を提供するときには、誰にでも分かるやさしいことばで説明するように心がけましょう。ワーカーが社会福祉施設の中で日常的に使っていることばや施設名であっても、クライエントには難しいことばとして響くことが少なくありません。ワーカーは自分が説明したことをクライエントが理解できたかどうかに絶えず注意したいものです。また、あまりにも沢山の情報を一度に提供してしまって、クライエントが混乱してしまわないかにも配慮しましょう。

20．大切なポイントに焦点を当てる

ワーカーがクライエントの話に熱心に耳を傾け、気持ちを汲み、「分かりました」ということを伝えていると、クライエントは沢山のことを語り始めます。その話を聴きながら、ワーカーはクライエントの話す内容によく注意しましょう。

特にクライエントが特定の内容を話すときの感情の深さ、行動や感情の背後にどんな気持ちが隠されているのか、行動の望ましい点と困った点、何故、どういう場合にそういった言動が起こるのかに注目しましょう。面接中にクライエントがテーマソングのように何度も繰り返して話すことには、特に注意を払う必要があります。

クライエントがあまりにも沢山のことを話すので、ワーカーが混乱して、クライエントが何を話したのかよく分からないとか、内容が漠然としていてよく理解できないときには、クライエントが

繰り返し話すことをワーカーが改めて取り上げて、それについてクライエントに質問してみましょう。そうすることによって、クライエントが話している内容に焦点を当てることができるでしょう。「貴方のおっしゃりたいのは、〇〇なのですね？」と焦点を当てて投げ返すのも一つの方法です。

21. 面接の記録

面接中にどんなことを話し合ったか、どんなことをしたかは時間が経つと忘れがちです。ですから、面接が終わったらできるだけ早く、面接の内容を記録に書いておくことをお奨めします。もし時間がなければ簡単なメモを書いておいて、後でそれを見て記録を書く方が記憶だけに頼るよりも正確な記録が書けます。

病院の医師は診察中にカルテに病状、検査結果、どんな治療をしたかなどをコンピューターに書き込みます。同様に面接中に記録を書くワーカーもいます。しかし、面接中に記録を書くと、クライエントはワーカーが自分の話を聴かないで、記録に注意を向けていると感じるのではないでしょうか。ですから、できるだけ面接が終わってから記録を書くことをお奨めします。どうしても筆記しないといけないようなときには、「お話の大事なところを、私が忘れるといけないのでメモを取らせて下さい」とクライエントに断って、非常に大切だと思うことだけを最小限書きとめましょう。

ワーカーの訓練のために、クライエントの了承を得て面接を録音して、後で聴き直してみることがあります。自分ひとりで聞くだけでも良い反省の材料になりますが、スーパーバイザーとか経験のあるワーカーと一緒に聴いて意見をもらえると、非常に勉強になると思います。

はじめてクライエントに会った初回面接の後ならば、クライエントと現在の状況についての印象、今後どんなことを目標に面接を進めるか、どんな方法で援助をするかといったことを書いておけば将来大いに参考になると思います。さらにワーカーが当面どんな目標に向かって面接を進めるか、最終的にはどんなことを目指し、そのためにどんな方法を使うかもメモしておきたいことです。また、クライエントの家族、学校、職場など関係のある人たちと連絡を取った場合には、その内容を記録として書きとめておくことも大切です。

22. 面接の経過と終了

面接の終了には二つの意味があります。一つの面接を終えるという場合の意味とソーシャルワークという援助の終了という場合の意味です。

(1) 一回の面接の終わり：ソーシャルワークで継続面接の長さに決まりはありませんが、普通一回の面接時間は30分から50分ぐらいが多いと思います。そのうちの最初の数分間は、挨拶に続いてその日の中心的な課題に入ってゆくための導入になるでしょう。「その後、いかがでしたか」とか「前回の面接の後はどうでしたか」といった質問とそれに対する答えなどが、導入のときによく使われます。面接はあまりだらだらと世間話のような会話をするのではなく、単刀直入にクライエントの状況なり問題なりに入ることが望ましいでしょう。しかし、そうは言っても、前回の面接で話し合ったことを振り返り、それについて話し合うことが必要なときもあるでしょう。

前回、面接のウォーミングアップ的な導入部分が終わっていたら、クライエントがこの一週間に経験したこと、考えたことや気持ちなどを自由に話してもらいましょう。これまで紹介してきたケースワークの技法を存分に発揮してクライエントに話してもらう段階です。これが面接の中心的な部分となります。そして面接の後半に入ると、ワーカーはその面接の終了のことも考え始めなくてはなりません。

普通、継続面接を始める前に、ワーカーはクライエントと、一回の面接がどのくらいの長さであるかを話し合っておくことが必要です。そして、その時間内に面接を終わるようにしたいものです。クライエントの中には、ワーカーが無制限に自分と面接を続けてくれると思っている人もいます。ですから、時間通りに始め時間通りに終わるということを、ワーカーは守りましょう。さもないと、次のクライエントを待たすことになります。また、前にも述べたように、クライエントの中には、面接の延長を願っているかのように、面接の終わりが近づいた頃に、非常に難しい問題、深い内容をポロリと話す人もいます。ワーカーがその内容の重大さに驚いて面接を延長すると、クライエントは次からも同じようなやり方で面接を長引かせようとします。ですから、最後になってクライエントが重大なトピック（内容）を話したときには、「その問題はとても重要なことですから、次の面接で最初に取り上げましょう」と言って、次の予約を取ることで、気持ち良く面接を終わらせることができます。一方、クライエントは「今日でおしまいではない、来週の面接もあるのだ」という気持ちになれるでしょう。

そして、次の一週間、つまりその日の面接と次の面接までの間に、クライエントは自分の問題についていろいろと考えるだけでなく、自分の心の中でワーカーと対話をすることもあると思います。一方、ワーカーも面接の後で記録を書きますし、クライエントの状態について考えます。こうして、面接の効果は面接と面接の間でも続いてゆくのです。

ただ注意したいのは、クライエントは面接を受け始めると、自分が長い間苦しんできた悩みや状況をワーカーに「やっと話すことができた」という一種の安堵感から、一時的に「気持ちが楽になる」ことがあります。こうした一時的な安心はあくまでその場限りのもので、しばらくすると前の状態にあと戻りして、自信をなくします。ですから、ワーカーはクライエントの変化をさまざまな角度から十分に注意しながら見守りたいものです。

（2）最終回の面接：私たちが生きている限り、社会的、身体的、心理的な問題が完全になくなるということはありません。ですから、クライエントの問題がある程度解決されたときが、面接を終了させるひとつのタイミングだろうと思います。社会福祉の領域で働く人は、他者のために役に立ちたいという気持ちが人一倍強いと思います。ですから、クライエントが自分の問題を百パーセント解決するまで援助したいという気持ちになることが多いのではないでしょうか。ワーカーにとって、クライエントが問題を解決する力を身につけてゆくのを見るのは嬉しいことです。ですから、多くのワーカーが「もっと助けたい」という気持ちを絶えず感じているのです。また、クライエントの方でもワーカーに頼りたい、相談したい、援助を受けたいという気持ちをもち続けることが多いようです。

そのためにワーカーは、「クライエントにそろそろ一本立ちしてもらおう」という気持ちになり難いときがあります。ですから、ワーカーはケースワークがある程度軌道にのってきたと感じたら、クライエントが話す「そろそろ、一人でやってゆけるような気がします」「ずいぶん状況が良くなってきました」「自信が出てきました」「少し光が見えてきました」といった明るい兆しとかサインを見落とさないようにしましょう。こういった「大分やれるようになった」ということが話されるようになってきたら、そろそろ面接の終了が近いと考えてもよいでしょう。

最終の面接が近づいたら、毎週行なっていたクライエントとの面接を隔週にするといった具合に、少し間隔を空けるとか、面接時間を短縮して、少しずつワーカーの働きかけの密度を減らしてゆくといったことも終了への準備として考えてもよい点だと思います。

最後の面接では、最初から最後の面接までの過程を振り返り、クライエントがはじめてワーカーを訪れて来たときの状況を想い出し、現在との違いなどを話し合うことも大切ではないでしょうか。これによってクライエントは、自分の変化や進歩を再認識することができるでしょう。そのことがソーシャルワーク終了後、クライエントの支えになると思います。

5章　積極的アプローチ

社会福祉の第一線で働くすべての人が「ケースワーク」と呼ばれる対人援助の仕事をしているわけではありません。むしろ、ケースワーク以外の業務に携わっている人のほうが多いと思います。児童養護施設、児童自立支援施設、介護施設をはじめ、各種の入所施設や通所施設、さらには地域全体を対象にする社会福祉協議会など、福祉施設や機関は実にさまざまです。そして、入所施設のようにクライエントに長時間接しているワーカーも少なくありません。そうした人々は、日常生活の中のソーシャルワークと呼んでもいいぐらい、ワーカーはクライエントと生活や活動をともにしながら、その中で援助を行なっています。

また、ケースワークを主たる活動としている機関でも、前章までに述べた受容や共感といったケースワークの面接技法だけではなく、それに加えて、「褒める」とか「励ます」といった具合に、クライエントにもう少し積極的な働きかけをするときもあるでしょう。ですから、これまでに紹介してきたソーシャルワークの援助方法や技法よりも、もう少し能動的というか積極的なソーシャルワークの技法を紹介いたしましょう。

コラム6　「診断主義ケースワーク」

メリー・リッチモンドの流れを汲むケースワークは、ジークムント・フロイトの精神分析を基盤とした社会福祉における対人援助の理論と方法で、「診断主義ケースワーク」と名付けられました。そして、その流れはゴードン・ハミルトン、シャーロット・トール、フローレンス・ホリスらに引き継がれました。これに対して、フロイトの弟子であったオットー・ランクの影響を受けたバージニア・ロビンソン、ルース・スモーリー、ジェシー・タフトらのグループは「機能主義ケースワーク」と呼ばれました。北米のソーシャルワークの理論と方法の歴史的な流れを見ると、１９４０年代後半から60年代ぐらいまでの間、この二つの学派は互いに自分たちの考えを主張して論争を繰り拡げました。しかし、その後、両者を統合するようなかたちで、ヘレン・Ｈ・パールマンの問題解決アプローチとか、ハーバート・Ｈ・アプテカーの折衷的なアプローチに受け継がれてゆきました。そして、ケースワークにはさまざまな立場の理論と方法が現れ、群雄割拠の時代に入りました。その中の一つがコラム7で紹介する行動アプローチです。

１９６０年代の後半からエドウィン・トーマスを旗頭とした行動アプローチ[*1]が台頭してきました。そして、この理論と方法は社会福祉の方法論の中でひとつの重要な流れとして現在も実践されています。本章では彼らの考え方をもとに、現在のソーシャルワークの現場で、この援助技法がどのようなかたちで実践できるかを説明します。

コラム7　社会福祉における行動アプローチの起源となった実験

ハミルトンに始まる古典的なケースワークが精神分析の理論と方法を基盤としたように、社会福祉における行動アプローチの基本的な考え方は行動心理学から生まれました。①生理学者のパヴロフは、犬にベルの音を聞かせると同時にエサを与える、ということを繰り返しました。すると、犬は、ベルの音を聞いただけで唾液を出すようになりました。このことを古典的条件づけとかリスポンデント条件づけと呼んでいます。②心理学者のスキナーは、小さな箱の壁から出ている棒を下に押すとエサが出てくる仕掛けの中に、ネズミを入れました。ネズミが偶然棒を押したら、エサが出てきたのでそれを食べました。やがてネズミは、棒を押しては出てくるエサを食べ、また棒を押すようになりました。このネズミの実験では、ネズミが棒を押すことがエサを出す条件になっているので、道具的条件づけとかオペラント条件づけと呼んでいます。③心理学者のバンデュラは、犬を怖がる子どもたちを二つのグループに分けました。片方のグループには「子どもが犬と遊んでいる映画」を見せました。もう一つのグループには「犬が出てこない映画」を見せました。こうした実験を繰り返した後で犬を連れてくると、「子どもが犬と遊んでいる映画」を見た子どもたちは犬に触りました。しかし、犬が登場しない映画を見た子どもたちは相変わらず犬を怖がり、犬に触れませんでした。お手本を真似することを、モデリングつまり模倣学習と名づけ、古典的条件づけや道具的条件づけと区別して「社会的学習理論」と呼んでいます。5章で取り上げるのはこの三つの理論から生まれた援助方法です。しかし、実践の場では、それぞれの方法が渾然一体となって行なわれていることが少なくありません。

＊1　多くの行動アプローチに関する本には、ワーカーとクライエントの人間関係のことは取り上げられていません。だからといって、行動アプローチがワーカーとクライエントの間の人間関係を無視しているわけではないのです。良い人間関係が築かれていなかったら、いくらワーカーがクライエントの努力を褒めても、クライエントは大して嬉しくないでしょう。ワーカーが褒めるとか喜ぶことが、クライエントにとって意味あるものになるためには、両者の間に良い人間関係が築かれていることがその前提条件であり、それは当然のことなので、あえて取り上げない文献が多いのです。

1．まず、人間関係を築きましょう（クライエントの話に耳を傾けましょう）

私たちは周囲の人たちから認めてもらえないと、つまり無視されると淋しくなります。ですから、親から離れて施設で生活している子どもや家族と離れて長い間入院している患者は、とても淋しいに違いありません。親や家族の愛情、友達や仲間との交わり、そしてワーカーの注目、関心、賞賛は、クライエントにとって大きな支えであり、励ましです。私たちは周囲の人たちから「よくやったね」と褒められたら、次も「やろう」という気持ちが湧いてきます。また、周囲の人から褒められたいので「頑張る」という心理は誰にだってあるでしょう。それはクライエントだけではなく、ワーカーだって同じだと思います。

こうしたワーカーの態度と働きかけは両者の人間関係を強いものにします。そして、クライエントはワーカーに話を聞いてもらえる、自分の悩み、心配、怒り、悲しみといった気持ちを分かってもらえることが嬉しいし、励みになります。もちろん、クライエントにとっては自分の問題を解決するのが最終的な目的です。でも、そこへ辿り着くには、ワーカーはクライエントにリラックスして話をしてもらい、それに耳を傾け、人間関係を深めてゆかなくてはなりません。

コラム8　「正の強化」「負の強化」と「正の罰」「負の罰」

行動アプローチでは、何か（例えば、「褒める」とか「叱る」）を「与える」ことを「正」と呼んでいます。それに対して、何かを「取り去る」ことを「負」と呼んでいます。また、行動が「増える」ことを「強化」と呼び、「減る」ことを「罰」と呼んでいます。この場合、「罰」とは行動が「減る」ことで、叱るとかお仕置きをすることではありません。

「正の強化」とは、何かを「与える」ことで、行動が「増える」ことです。例えば、勉強嫌いの生徒が珍しく計算問題をやりました。それで、先生は大いに褒めました。こうしたことが何度か続くと、この生徒の勉強をする時間が次第に増えてきたのです。「褒める」ことを「与え」たら、勉強時間が「増え」ました。これは、「正の強化」です。

「負の強化」とは、何かを「取り去る」ことによって、行動が「増える」ことです。例えは、児童養護施設のA少年は「ドリルをしなさい」といつも叱られていました。でも、あるときドリルをしたので叱られませんでした。こうしたことが何回か続くと、A君はだんだんドリルをするようになりました。それで、ますます「叱られる」回数が「減り」、ドリルをする回数が「増え」ました。これは「負の強化」です。

「正の罰」とは、何かを「与える」ことで、行動が「減る」ことです。例えば、子どもがお使いに行きました。でも、間違いばかりするのでよく「叱られ」ました。叱られた結果、間違いが減りました。この場合、「叱る」ことを「与えた」ので「正」です。そして、間違いが「減った」ので「罰」です。これは「正の罰」です。

「負の罰」は何かを「取り去る」（なくす）ことで、行動が「減る」ことです。例えば、テレビばかり見ている子どもに、お母さんが「1時間以上テレビを見ていたら、おやつはありませんよ」言いました。でも、子どもはテレビを見過ぎて、おやつを「もらえません」でした。その結果、子どものテレビを見る時間は1時間以内に「減り」ました。おやつを「なくす」ことで、テレビを見る時間が「減った」ので「負の罰」です。

「消去」とは、行動を強めていたもの（強化子）がなくなることで、行動が「減る」ことです。ある小学生が授業中に先生の注目を引こうとして、よく悪戯（いたずら）をしたので、先生は叱りました。でも悪戯は減りませんでした。そこで、先生はこれまで叱っていた悪戯（いたずら）を「無視」するようにしました。その結果、悪戯が減りました。先生が「注目をしなくなって」、悪い行動が「減った」のですからこれは消去です。しかし、実際には、困った行動を「消去」しようとすると、はじめのうち困った行動が逆に増えるという現象（消去バースト）が起こるので、消去だけを使うよりも、減らしたい行動の反対の（良い）行動を増やすという「正の強化」と組み合わせることが多いです。

なお、読者にとって行動理論のことばは少し分かりにくいところがあると思います。また、その理論と方法のすべてを実行に移すことは難しい場合もあると思います。ですから、本書では、できるだけ平易なことばで、現実に即した形で「どうするか」に焦点を当てて説明しています。理論的な背景は違っていても、行動アプローチは、一般のケースワーク実践に応用できるところが沢山あります。本書では、両者の違いを取り上げて対比するよりも、ソーシャルワークの実践的な枠組みの中で、行動アプローチの理論と方法を必要に応じて紹介し、それを実践に役立てるという考え方に立っています。

2. クライエントのやれるところから

クライエントへの働きかけでは、本人のやれるところから始めて、ゆっくりと、少しずつ、ともに歩みましょう。そうすれば、クライエントは少しずつ心を開き、自分が思っていること、感じていること、希望すること、嫌がっていること、恐れていることを話し始めます。できるだけリラックスしてクライエントを見つめましょう。そうすると、クライエントは考えていることや感じていることを、少しずつですが話し始めるでしょう。でも、話せないときだってあります。そんなときは、本人がまだ話せる段階に来ていないのです。それは、クライエントのせいでもワーカーのせいでもありません。クライエントは「話す用意ができていない」状態なのです。そんなときには待ちましょう。そして、クライエントが少しでも話したら、「ふん、ふん」「ああ、そうですか」と言って相づちを打ってうなずき、傾聴しましょう。

また、4章でふれた「内容の反射」と「感情の反射」を試みてみましょう。こうしたワーカーの態度と働きかけは、クライエントの気持ちをやわらげ、自分の気持ちや経験していることを少しずつ話すようになります。できるだけクライエントに話してもらい、ワーカーは少しだけ話す、という割合で話しを続けられると理想的です。

クライエントの話す内容に応じて、ワーカーの顔つきも変わってゆくと思います。クライエントが嬉しい話をすれば、ワーカーもそれにつれて明るい表情になります。クライエントが辛い話をすれば、ワーカーも悲しい表情になるでしょう。こうしたことばによらない非言語的なコミュニケーションは、ことばによるコミュニケーションと同じくらい、あるいはことば以上に大切だと思います。そして、クライエントが自分の心の中にあるものをことばであるいは表情や動作でワーカーに伝えることを励まします。ワーカーがうなずいたり、クライエントの話したことを繰り返して言ったり、気持ちを汲んでそれをことばにして返すことは、すべてクライエントが話すことを促進します。つまり、**強化**しています。

コラム9　「シェイピング」

シェイピング（行動形成化、あるいは形成化）とは、目標に向かって行動を少しずつ変えてゆくことです。最初はごく少しだけ変わることを促し、それがやれたら大いに褒め、あるいは喜び、少しずつ最終目標に近づいてゆくというやり方です。アプロクシメーション（漸次的接近法）とかフォワード・チェイニング（順向連鎖化）などとほぼ同じような働きかけです。

3. やって欲しいことは具体的に言いましょう

ケースワークの面接ではあまりないかもしれませんが、児童養護施設をはじめとする入所施設や通所施設では、ワーカーがクライエントにいろいろなことをやってもらうことがあります。プログラムの用意をする、片づける、掃除をするといったことが少なくありません。そんなときに、ワーカーは「ちゃんとしなさい」「しっかりやりなさい」「いい子にしていなさい」といった具合に、「どうすればいいか」「何をしてほしいか」を具体的に言っていないことが案外多いと思います。

道具を使い終わったら、「ちゃんとしまいなさい」と言うよりも「使う前にあった所へ返しなさい」とか「決められた場所に戻しておきなさい」と、どうするか、何をやって欲しいかを具体的に伝えた方が、使ったものを出しっぱなしにする可能性は少なくなるでしょう。

そして、ワーカーが頼んだようにもとへ戻したら、それを当たり前と思わずに、かならず「〇〇をもとに戻してくれて有り難う」と言って、やってくれたことにお礼を言うとか褒めるのを忘れないようにしましょう。もちろん、クライエントはワーカーの求めることをはじめから完璧にすることは難しいでしょう。しかし、ほんの少しでも、ほんの小さな一歩でも前に進んだら、それを見つけてすぐに喜びましょう。私たちワーカーの心の何処かに「やるように言ったのだから、クライエントがやるのは当たり前だ」という気持ちが潜んでいるかもしれません。そうではなくて、小さな進歩を大切にしましょう。そして、小さなことでも「やれたね」「良くなってきたよ」ということを本人に伝えましょう。結果を伝えることはとても大切なのです。

4．クライエントが困ったことをしたとき

私たちワーカーは施設に来る人たちに、「何をしたい？」「どうしたい？」と尋ねておきながら、最終的には「あれをしなさい」「これをやりなさい」とこちらの考えを押しつけていることが少なくありません。これでは自己決定の原則を破っていることになります。クライエントがすぐに「何をしたい」と言えないときには、クライエントに幾つかできることを言ってもらい、その中から選択

してもらうのもいいでしょう。自己決定の始まりです。

　また、入所施設のようにワーカーがクライエントと長時間一緒にいるとか生活を共にしていると、ついソーシャルワークの原則を忘れて、個人の日常生活と同じような感覚に陥ってしまい、「ああしなさい」「こうしなさい」と命令口調が多くなってしまいます。また、腹を立てたり、怒鳴ったり、ぶつぶつ言ってしまうことが少なくありません。さらに、困った行動を止めさせたいという気持ちが強くなって、力ずくででも何とかしようとするときがあります。ただ、どんな理由があっても、暴力を振るわれた子どもは傷つきます。

　困った行動については、「そういった行動に注目や関心が向けられたので起こったのだから、無視していればやがて起こらなくなる」という考え方があります。それが「消去」です。たしかに、理論的には正しいかもしれません。しかし、実際に消去を使おうとするならば非常に長い間、困った行動を無視し続けることが必要です。それにはすごい忍耐力、長時間の努力、そして辛抱が必要です。ほとんどの場合、無視が成功する前にワーカーがしびれを切らして、叱ったり怒鳴ったりしてしまいます。

　もし、叱責という方法を使うのならば、何処が何故悪かったのかを言うだけでなく、何をどうやって欲しいかを当人に言って叱りましょう。そのときに、やって欲しいことを言うだけではなく、相手がそれをやるのを見届けて、「良くやれたね」とすぐに褒めてあげることが大切です。そのときにただ褒めるのではなく、「○○をやって偉かったね。有り難う」といった具合に「何を褒めているのか」をはっきりと伝えましょう。まだ、やれていなくてもやろうとしていたら、「○○君は××をやろうとしている。えらいね」といった感じで、その意図と努力を褒めましょう。当然のことですが、悪い行動の反対の良い行動を増やしてゆけば、悪い行動は減ってゆきます。ですから、悪い行動を叱るとか、無視して減らそうとするよりも、良い行動を増やしていって、悪い行動を減らす方が効果的だと思います。

5. 結果が良ければ、またやります

　こんな例を考えて下さい。①一生懸命に試験勉強をして良い成績を挙げたら、また勉強する可能性は大きくなります。②Aというレストランに行きました。出された食事はとても美味しいお料理でした。ですから、またAレストランへ食事に行きました。一方、Bというレストランに行って食事をしましたが、不味かったので、それからは二度とBレストランには行きませんでした。③近所の人に「お早うございます」と挨拶をしたら、相手の人も「お早うございます」とにこにこして挨拶を返してくれました。それで、次にその人に出会ったときにも丁寧に挨拶をしました。その結果、二人の間で楽しい会話がはずみました。しかし、こちらが挨拶をしても、相手が挨拶を無視するならば、次からはその人に挨拶をしたり話しかけたりしなくなるでしょう。

　大抵の場合、私たちは何かをやってその結果が良ければ、またそれをやろうとします。でも、結

果が悪ければやらなくなるでしょう。

しかし、結果が良かったということだけが、私たちの行動を増やす理由ではありません。「嫌な目に遭わない」ということも、私たちが何かをやるかやらないかに影響を与えます。悪いことをしても叱られなかったら、また悪いことをする可能性は大きくなります。褒められるのと同じように、悪いことをしても咎められなかったら、それはご褒美をもらったのと同じで、行動の頻度を増やす結果になるでしょう。「叱られなかったから、またやる」「見つからなかったから、またやる」という現象と同じです。

ですから、良いことをしたら褒めることが大切なように、悪いことをしたら「叱る」とか「たしなめる」ことも大切です。ただ、「叱る」とか「たしなめる」という方法は「褒める」よりも遙かに難しいし、デリケートな問題をはらんでいます。したがって、11節でこうした接し方をもう少し詳しく取り上げます。

6. 褒めるのも叱るのも、「すぐに」が大切です

クライエントが進歩を見せたら、つまりちょっとでも良くなったら、すぐに「良くなった」と言って褒めてあげましょう。「○○がやれて良かったですね」とどこが進歩したかを具体的に言ってあげるのも、褒めるときの大切なポイントです。そして、どんな褒め方であっても、相手が良い

ことをしたら「すぐに」褒めましょう。まだ完全にできていなくても、「良くなってきているね」、やる準備をしていたら「やろうとしているんだね」と言ってあげることが大切です。

褒める効果は、時間が経てば経つほど減ってゆきます。ですから、褒めるのはできるだけ早い方がいいのは当然です。どうしても、後になってからでないと褒めることができない場合には、「○○をやって偉かったね」「□□が素晴らしかったよ」と「何が」「何処が」「何故」良かったかを具体的に言って褒めましょう。良くない（悪い）ことをしたときも同じです。叱るとか、いさめるときには、できるだけすぐに、そして、何故、何処が悪かったかを具体的に言いましょう。ただ、「駄目じゃないか」と叱ったのでは、相手は何を叱られているか分かりません。ですから、叱るだけではなく「何をやって欲しいか」「何故やって欲しいか」「どうやって欲しいか」をはっきりと相手に伝えましょう。そして、良くなったり、良いことをしたり、改善されたら、直ぐにそれを褒めてあげ、喜んであげて下さい。

ワーカーがクライエントのやった良いところを指摘することの大切さは何度も述べてきました。それに加えて、クライエントが良いことをしたときには、クライエントが自分で自分を褒めることも大切です。ワーカーがクライエントに絶えずついていて、良いことをする度に褒めることは非現実的なことです。ですから、クライエントが良いことをしたら、自分で自分を褒めることを奨励しましょう。運動不足の解消や健康のために歩く、とか運動をする必要があるクライエントならば、やるべき課題を一覧表にして、課題が達成できたら丸を付けるといった、一種の自己申告表を利用するのも同じ考えです。

7. 褒める回数と要求水準

多くのワーカーにとって「褒める」ことは、これまで教えられてきた援助技法の中にはあまりなかった方法ではないかと思います。それに何人もの子どもの世話や指導をしている入所施設のワーカーは、大勢のクライエントに対応しているので、入所者がなにかを上手にやるとか正しいことをやる度に褒めるのは結構難しいことでしょう。一回か二回は褒めても、やがて忙しさにまぎれて褒めることを忘れがちです。社会福祉の現場からは、「そんなことぐらいでいちいち褒めていたら、クライエントは低いレベルで満足してしまう」という意見を耳にします。しかし、実際にクライエントが何かするのを指導する場合、本人のやれるところから出発して、どうやるかを説明し、ときにはやって見せながら、クライエントのやれたところを褒めて、ゆっくりと、時間をかけながら、少しずつ難しい課題へ挑戦するというかかわりが、長い目で見ると効果的だと思います。

ケースワークでは「クライエントのレベルからスタートする」つまり、「ワーカーはクライエントがやれるところから始めましょう」という教えがあります。これはすべての社会福祉の領域に適用できる教えです。はじめのうちワーカーは、ごく簡単なことでもそれをクライエントがやったら、「良かった」「上手くやれましたね」と言ってあげるレベルから出発しましょう。もちろん、進歩の早いクライエントもいれば、遅いクライエントもいます。それは個性と同じだと考えましょう。

　クライエントの上達、改善、成長が早ければ、次第に褒める要求水準を高くしてゆきましょう。いつまでも低いレベルで褒めていたのでは、成長するのに時間がかかりすぎます。個々のクライエントの現在のレベルと成長の早さに合わせましょう。そして、ある程度クライエントができるようになってきたら、今度は褒める回数を少しずつ減らしてゆきましょう。毎回褒めていたのを、3回に2回褒める、3回に1回褒めるといった具合に、褒める回数、あるいは割合を次第に少なくしてゆくのです。毎回褒めてもらって身についた行動は、褒めてもらわないとやらなくなります。しかし、時々褒めてもらって身についた行動は、少々褒めてもらわなくてもやり続けます。そこで、はじめは毎回褒めます（「連続強化」）が、できるようになってきたら、時々褒めるというやり方に、少しずつ切り替えてゆきましょう。そして、最終的にはたまに褒める（「間欠強化」）だけでも、良い行動をやり続けるようにすることを目指すのです。

　もっとも、要求水準を少しずつ上げてゆけば、褒める回数は自然に減ってゆきます。ですから、私たちの日常生活では、自然に褒める回数を上手に調節しているのではないでしょうか。

8. 自分でも気づかずに、困った行動を強めていませんか

「注目する」とか「関心を示す」ことは、「褒める」とか「励ます」のと同じように行動が起こる

頻度を増やすことがあります。クライエントが不適切なことをしたときに、うっかり「注目」や「関心」を示すと、今やっている困った行動を増やすことになる恐れがあります。ですから、困った行動への対応には十分注意を払いましょう。特に悪い行動を止めさせようとして、「叱る」「叩く」といった形の注意を多用すると、叱られた人は叱った人を避けるようになります。また、ときとしては、叱られることがワーカーからの注目や関心となり、困った行動を減らすよりも、かえって増やしてしまうことがあるので注意しましょう。

ある精神病院の入院病棟でこんなことがありました。長い間入院しているお年寄りの患者がナースステーションに入ってきて、注射器とかハサミに触ろうとしました。看護師が「○○さん、注射器やハサミは危ないから触ったら駄目ですよ。さあ、ロビーに行きましょう」と言って、この患者の手を引き、背中に手を当ててロビーまで誘導して行きました。この患者はしばらくロビーでテレビを見ていましたが、誰も声をかけてくれません。またナースステーションに入ってきて、注射器やハサミを触ろうとしました。そこで、看護師がまたこの老患者の手を引いて、ナースステーションからロビーへ誘導して行きました。こうして、この老患者の「淋しくなると、医務室に行く」という行動は何度も何度も繰り返されました。

看護師は老患者がナースステーションに入ってくると、手を引き、背中に手を当ててロビーまで連れてゆくといった「注目」「関心」というご褒美を、老患者の行動に出していることに気づかなかったのです。もし、この老患者がロビーでテレビを見ているときに、病院のスタッフが「○○さん、なんの番組を見ているのですか？」とか「どことどこが試合をしているのですか？」「どっちが勝っているのですか？」といった具合に、注目や関心を示していたら、この患者はロビーでずっとテレビを見ていたかもしれません。

9. 高すぎる目標はやる気をなくします

同じような状況で何度も何度も失敗を経験すると、やがて自分がどんなに努力しても失敗をなくすことはできないという、一種の「あきらめ」のような気持ちを持つようになります。いくら努力しても解決することができないような難しい問題を何度もやらされるとか、どんなに頑張っても到達できないような課題に向かって「頑張れ、頑張れ」と励まされても、そもそも達成不可能な目標なので、次第にやる気をなくしてしまいます。こういった現象を**学習性無力感**と呼んでいます。

それに、いくら努力しても目標に到達できないのですから、欲求不満（フラストレーション）がたまり、やがて、「自分は駄目だ。自分には能力がない」と思い始めます。ですから、最初から無理なことを要求しないで、本人のやれるレベルを考え、やれるところからスタートしてもらうようにしましょう。そして、本人の能力と進歩に応じて、次第に要求水準を上げてゆくわけです。

コラム10　学習性無力感

　セリグマンという心理学者は、犬を、いくらもがいても逃げることができない状態にしておいて、電気ショックを与え続けました。それから、その犬を逃げることができる状況に置いて、また電気ショックを与えました。しかし、この犬はもう電気ショックから逃げようとしないで、そのままうずくまってショックを受け続けたそうです。セリグマンは、こうした現象を、学習性無力感と名付けました。犬だけではなく、人間でも起こる現象です。達成不可能な目標に向かって何度も何度も挑戦させられた人は、いくら努力しても達成できないので、達成可能な目標であってもやがて挑戦しなくなってしまいます。

10. 日常生活場面での援助

　一般的にケースワークの面接で強調されるのは、受容、傾聴、非審判的な態度です。そして、ワーカーはクライエントが自分の行く道を自ら選択することを尊重します。しかし、クライエントに心身の危険がせまっている場合には、クライエントが危険な状態に置かれていること、危険が近づいていることを教える必要があるでしょう。

入所施設でも、ワーカーのクライエントに対する態度と価値は、バイステックが説いたケースワークの原則と基本的に異なるものではありません。しかし、他の入所者の心身に傷を負わすような危険がある場合、施設内のルールに反する行動を取った場合、当然やらなくてはならない日常生活の中での作業や勉強などには、「止めましょう」「静かにしましょう」「寝ましょう」「起きましょう」「○○をやりましょう」といった具合に、「指示する」ことがあります。まれには、入所者がワーカーの指示にしたがわない場合に「厳しく注意する」こともあるでしょう。もちろん厳しく注意するといっても、クライエントの人格を傷つけるようなことを言うのは慎むべきですし、相手を誹謗するのは避けるべきなのは当然です。また、身体的な罰は慎むべきです。

クライエントのやったことが完璧にできていなくても、クライエントの行動が改善されたら「良くなったね」「○○をやってくれたね。ありがとう」、行動が変わり始めていたら「○○を変えようとしているね、えらいね」と変わり始めたことと変わってきたことに、ワーカーが気づき、喜んでいることを伝えましょう。

「変わってくれて嬉しい」ということを、ことばや表情で相手に伝えることはとても大切です。私たちは相手のやってくれたこと、相手が変化したことに気づいていても、喜んでいても、それを相手に表現するというか伝えることを怠っていることが少なくありません。いくら心の中で感謝していても喜んでいても、そのことを相手に伝えなければ、それ以上の変化は起こりません。

11. 叱り方

施設のワーカーが入所者、特に子どもの困った行動をすぐに変えようとして、つい叱ってしまうことがあります。例えば、児童養護施設の子どもが施設内で騒いでいるときにワーカーが子どもを大声で叱ると、すぐに静かになります。しかし、その効果は一時的で、しばらくすると、子どもはまた騒ぎ出します。すると、ワーカーはまた怒鳴ります。怒鳴る度に静かにしている時間は短くなってゆきます。それでも、怒鳴った直後は静かになるので、ワーカーはまた怒鳴ります。子どもが騒ぐという「嫌なモノ」が、怒鳴った途端になくなったので、また怒鳴るのです。「**負の強化**」です。

いつも怒鳴られたり叩かれたりして育てられた子どもは、やがて自分が育てられたように他者に接するようになりがちです。それ以外に対人関係の築き方を知らないからです。また、いつも叱られるとか、叩かれてきた子どもは、やがて自分は悪い子だから叱られたのだと、自分について悪いイメージをもつようになると考えられています。これも叱ってばかりいる弊害の一つです。

さらに体罰というのはいったん使い始めると、どんどん激しくなってゆく傾向があります。一つの罰を使って効果がないと、これでもかこれでもかとより激しい罰を使うようになり、最終的に暴力に発展してしまう危険性をもっています。ですから、止めさせたいことだけを叱りましょう。別のことを「ついでに」叱り始めると、次から次へと叱る対象が拡大していってしまい、絶えず叱っているようになります。これでは叱られる側はたまりません。

叱るというしつけ方は非常に強力ですが、難しい方法です。もちろん、悪い行動、困った行ないは叱らないといけませんが、叱るだけでは問題は解決できません。それだけでは、良い行動は起こらないことが多いようです。ですから、叱るだけでなくどうして欲しいか、何をやって欲しいかを言って、相手がそれをやったら直ぐに褒め、一緒に喜ぶことが大切です。

12. 区切って、ゆっくりやりましょう

大人のやる仕事でも、若者のスポーツでも、子どもの勉強でも、やっていることを注意深く観察していると、細かいことや小さいことが組み合わさってできていることが分かります。ですから、何かを教えるときとかやってもらうときには、難しい課題を始めから終わりまで全部通してやってもらうことも必要ですが、その前に、一連の流れを幾つかに区切って、その一つひとつの部分をどうするかを教えることから始めましょう。そして、やれるようになったところをつなぎ合わせてゆく方が効率的だと思います。**形成化**です。

また、ゆっくりやる方が急いでやるよりも簡単ですし、正確にやれます。したがって、小さく区切ってちょっとずつ、そしてゆっくりでいいから、正確にやることが上達の鍵だと思います。「早

く、早く」と言って急がせると、緊張して失敗することが多いようです。オリンピックの「より早く、より高く」は日本を代表する選手にはいいでしょうが、一般の人たちには失敗と挫折感を経験させるだけです。誰でも難しい課題を与えられると慌ててしまいます。慌てるとできることもできなくなります。

ただし、いつまでも低いやさしいレベルで褒めているのではなく、上手になってきたら、できるようになったら、要求水準を少しずつ高くしてゆきましょう。

13．自分との対話と手がかり刺激

小学校の教室に行くと、生徒がやるべきことを紙に書いて、黒板や壁に貼ってあるのを目にします。生徒は先生が「手を洗う」とか「うがいをしましょう」と書いたのを見て、その言いつけを守ります。この場合、生徒は先生の書いた文字を読むことで、先生と一種の対話をしているのか、それとも自分自身と話し合いをしているのでしょう。しかし結果として、先生が書いたことを自分自身にやるように促して、実行しているのだと思います。

先生が書いたことばは、子どもに何をしたらいいかを示す一種の**手がかり刺激**です。子どもはこの手がかり刺激をたよりに行動しているのです。はじめのうち先生は、生徒に何をして欲しいかを黒板に書きますが、子どもがやるようになってきたら、黒板や紙に書くのを減らしてゆき、最後は何も言わなくても書かなくても、子どもがやるべきことをするようにしてゆくわけです。

14. 自分で自分を褒めましょう

また、自分が良いことをやったときには、声には出さなくても、その当人は心の中で「○○をやれた！」「すごい！」と言って自分自身を褒めるか、褒めないまでも、自分がやったことに誇りを感じているに違いありません。スポーツや音楽あるいはクラスでの発表のときに、上手くやれたら、それを誇りに思うでしょうし、また頑張ろうという気持ちになるでしょう。

こうして自分で自分を褒めることは日常生活でよく行なわれていることです。体重を減らそうとして、食後のお菓子を我慢した日の夜だけ、好きなテレビ番組を見てもいいという約束を自分自身としている人もいます。学生が、図書館で2時間勉強したら、仲良しの友達と学校の食堂でコーヒーを飲むことができるといった規則を作るのも良いでしょう。こうした自分で自分にご褒美を出すといった仕組みを**自己強化**といいます。つい自分に甘くなりがちなので、自分一人で行なうよりも「2時間勉強したら、コーヒーを一緒に飲もう」と友人や家族にかかわってもらうと効果が上がるようです。

15. やって見せるのが、ベストの教え方です

私たちはどうやってことばを話せるようになったのでしょう。赤ちゃんが生まれたばかりのときから、お母さんはオムツを取り替えながら、湯船をつかわせながら、お乳を飲ませながら、「ママよ、ママよ」と話しかけてきました。そして、赤ちゃんが「マー」とか、それに近い声を出しただけで、お母さんは「○○ちゃんがママと言った」と大喜びをします。こうして、幼児は母親が話す真似をしながらことばを覚えてゆくのです。ことばだけではありません。歌を唱うとか踊るのも、私たちは誰かがやっていることを見て、その真似をして次第に身につけてきたのです。真似をするということはとても効果的な学習方法なのです。

心理学者のバンデュラは、真似して習う**モデリング**について、次のような原則を述べています。

★望ましい行動を身につけさせようと思えば、できるだけ大勢の人が、何度も良い行動を見せることです。

★はじめから難しいことを真似させるのではなく、簡単ですぐできるようなことから見せ、次第に難しいことに移ってゆきましょう。

★それぞれの段階でお手本を見せるだけでなく、ことばでも説明しましょう。それにより理解

が深まり、上達を早めることができます。

★ことばだけではなく、手取り足取りして、どうすればいいかを教えましょう。

★（子どもが）上手にやれるようになったら、その度に、それぞれの段階ごとに褒めましょう。

16. 少しずつ不安を克服してゆきましょう

生理学者のパヴロフ（コラム7参照）は、犬にベルの音を聞かせると同時に、エサを食べさせることを繰り返し行ないました。すると、犬はベルの音を聞くだけで、（エサを与えなくても）唾液を出すようになったのです。リスポンデント条件づけです。これにヒントを得て、心理学者のワトソンは時間的な接近で不安が条件づけられることを証明する実験を行ないました。また、ジョーンズは幼児が怖がる「ウサギ」をその子が恐怖を感じない範囲で少しずつ近づけていって、やがて不安を克服した実験を行なっています（コラム11参照）。

コラム11　ジョーンズのウサギの実験

ワトソンとレイナーは生後11ヶ月の幼児が白ネズミと遊んでいるときに、その後ろで大きな金属音をたてて驚かせました。こうしたことを何回か続けているうちに、幼児は白ネズミを見ただけで怖がるようになり、やがてこの幼児はお母さんが着ている白いセーターやサンタクロースの白いひげなど、白いものを見ると怖がるようになりました。一方、ワトソンの助手だったジョーンズは、ウサギを怖がる2歳10ヶ月の幼児のウサギに対する恐怖を取り除く実験を行ないました。ウサギを外へ出てこられないようなカゴに入れて、同じ部屋の遠くの方に置きました。そこから、子どもが不安を感じない範囲でごく少しずつカゴの中のウサギを近づけ、やがて僅かずつ触らせ、最後はウサギに自分の指をかじらせても平気になるまでになりました。お姉さんのようにやさしい仲良しの先生と一緒ならば、そしてごく少しずつ、本人が怖がらない範囲でウサギを近づけることで、ウサギに対する不安を克服させることができたのです。

ジョーンズの実験にヒントを得た精神科医のウォルピは、身体をリラックスすることで一種の「心のやすらぎ」を経験させながら、イメージの中で不安の対象をごく少しずつ近づけてゆくとか、対象を徐々に大きくしてゆくことによって、患者が感じている不安とか恐怖を克服する方法を開発しました。また、イメージの中でやるのと同じことを、実際の場面でやって不安を解消する方法も、有効であることを提唱しました（コラム12参照）。

コラム12 「系統的脱感作法」と「現実脱感作法」

ウォルピという精神科医は「系統的脱感作法」と「現実脱感作法」という不安を克服する方法を開発しました。系統的脱感作法では、クライエントがまず身体のさまざまな部分を順番に5秒間緊張させ、それに続いて20秒間リラックスさせるリラクセーション法を行ないます。これにより患者が心身ともにリラックスできるようにします。それから、クライエントが怖がる対象を、ほとんど不安を感じないような状況でイメージしてもらいます。例えば、ゴキブリが怖いという人ならば、まず身体と心をリラックスさせてから、イメージの中で、当人が全く不安を感じないくらい遠いところにゴキブリがとまっていることを想い浮かべてもらいます。そして、イメージの中でほんの少しずつ、「クライエントが不安を感じない範囲で」ゴキブリを近づけてゆきます。こうして、ごく僅かずつ、不安や恐怖を感じる対象物とか場面をイメージの中で「馴らして」、少しずつ不安を克服してゆくのが「系統的脱感作法」です。これに対して、イメージの中でやる系統的脱感作法とまったく同じ手続きを実際の場面で少しずつ行ない、これまで怖がっていた場面とか対象への不安を克服してゆく方法が「現実脱感作法」です。つまり、現実脱感作法は、イメージの中でやる系統的脱感作法とまったく同じことを実際の場面でやるわけです。

まず、ワーカーとクライエントの間の信頼関係に支えられて、クライエントが不安を感じる対象や場面を、ほんの少しずつ実際に体験してもらい、不安を克服してゆくのが**現実脱感作法**です。この場合、最も注意しないといけないことは、クライエントが不安を感じるような場面は絶対に経験させないことです。不登校の子どもは、自分の家の自分の部屋の中にいるときが一番安心です。自分の部屋にいるときの不安をゼロとしましょう。一方、学校、それも大勢の生徒がいる、自分のクラスの教室の中に入ることは、一番不安の高い状態でしょう。ですから、不安は100です。

ごく少しずつ不安を克服してゆくやり方としては、クライエントが不安を全く（あるいはほんの少ししか）感じない場所にワーカーとクライエントが一緒にいるところからスタートします。

はじめのうち不登校の子どもはワーカーが家庭訪問をしても、自分の部屋から出てこないでしょう。ですから、最初は部屋のドアの外から声を掛けるだけでも十分です。時間はかかりますが、やがてクライエントは、ワーカーが自分に危害を加えるとか、無理に学校へ連れて行こうとはしない「安全な人」だということが分かってきます。そうなるまでには、随分時間がかかるでしょう。ですから、ワーカーは辛抱強く子どもと子どもの状態を受け入れ、「援助関係」が出来上がるのを待たなくてはなりません。クライエントが、安心してワーカーと打ち解けるまでには、何ヶ月も、あるいは一年以上もかかる場合があると思います。そして、ちょっとずつ、クライエントが耐えられる不安のレベルを絶対に超えない範囲で、僅かずつ目標に近づいてゆくのです。その援助過程は7章の事例3でご紹介します。

6章　ワーカーのいろいろな働きかけ

面接室での面接場面を想定したケースワークの過程や技法については4章で説明しました。わが国の社会福祉の現場は、面接室での面接場面に留まらず、日常生活などさまざまな場面で、クライエントとワーカーとのかかわりが行なわれています。対人援助の技法については、面接室での面接場面にも、それ以外の場面にも共通していることが多いといえます。一方で、クライエントとワーカーとの直接のかかわり以外にもさまざまな援助が行なわれています。本章では、対人援助の技法を踏まえつつ、社会福祉施設・事業所（以下、施設・事業所）などのさまざまな場面でのワーカーの援助活動について説明します。

1．援助活動の基本

▼援助関係形成と同時並行の援助活動

施設・事業所では、ワーカーとクライエントが十分な援助関係の形成に至っていなくても、援助は開始され展開されていきます。援助関係が深まるまで具体的な援助は提供できないわけではないのです。施設・事業所でのクライエントの生活は始まっているのです。とくに、入所施設では、衣食住といった日々の具体的な生活援助が始まらないことにはクライエントの生活そのものが成り立ちません。通所施設でも同様に、利用開始と同時にさまざまな活動やプログラムが用意されており、クライエントも参加していきます。したがって、援助を展開しながら援助関係を形成してゆくともいえるでしょう。ワーカーは、より良い援助を提供するための援助関係の形成を意識しながら、日々の具体的な援助活動を行なっているのです。援助活動と援助関係の形成は同時並行なのです。

むろん、援助を始めた頃は、クライエントの日常生活の援助活動が中心で、クライエントの抱える生活上の問題の本質というか、核心にすぐに踏み込むことは難しいかもしれません。同時並行で援助関係の形成に努めてゆくのです。しかし、序章でも述べたように、援助関係は必ずしも時間の経過とともに順調に深まってゆくものではありません。援助関係が深まったかに思えても、実はそうでなかったということもあります。また、あることをきっかけに急に深まってゆくこともあります。逆に、あることをきっかけに急に援助関係が壊れてしまうこともあります。援助関係は、クライエントとワーカーとの二者関係の中でダイナミックに動いているのです。こうしたことの繰り返しの中から関係が深まっていくものなのかもしれません。

援助関係が深まったとワーカーが感じた頃合いを見計らって、問題の本質に踏み込んでゆくのです。ただし、虐待などの緊急を要する場合は例外で、即刻介入しなければならないことは言うまでもありません。緊急時のワーカーの適切な介入によって、クライエントが信頼を寄せてくることもあるでしょう。これが公的福祉機関や施設・事業所の援助の実態なのです。

▼クライエントとのかかわり

援助活動の基本は、なんといってもクライエントとかかわっていくことです。3章でも説明したように、クライエントとのかかわりを通して援助関係を深めてゆき、クライエントの理解に努め、クライエントの生活上の問題やニーズを把握してゆくのです。クライエント本人とかかわらずして、書類にだけ目を通し、関係者から話を聞いただけで、クライエントのことを理解することはできないのです。直接かかわって、言語・非言語のコミュニケーションを通して、さまざまなやり取りがあってはじめて分かることも多いのです。皆さんは、クライエントとしっかり向き合っているでしょうか。しっかりとかかわろうとしているでしょうか。**クライエントとのかかわり**から直接的な援助がスタートするのです。

▼クライエント主体

近年、ケースワークにおいて「クライエント主体」が大切だと言われています。クライエントの人生はクライエント自身のものであり、どのような生活を送るのか、どのような援助を必要とするのかは、クライエント自身が決めてゆくという考えです。まさに、クライエントの人生、生活の主人公は専門家ではなくクライエント自身だということです。

最近までは、障害者、高齢者など援助を必要とするクライエントは、心身機能の障害があることで、自力で生活できない人という考えが根底にありました。この考えによると、専門家といわれる人たちが、クライエントのことをいろいろと考えて援助の方針や中身を考えてゆき、クライエントは蚊帳の外に置かれていました。自分の人生、生活であるにもかかわらず、「できない人」といったレッテルが貼られ、専門家が代わっていろいろと考えて、やってあげていました。しかしそれでは、クライエントは受け身の姿勢になってしまうのです。

皆さんもご自身の生活に置き換えて考えて下さい。自分の人生、生活であるにもかかわらず、周囲の人に決められていたらどう思うでしょう。いたたまれないでしょう。悔しいでしょう。そして、どうにもならないと分かると投げやりになったり、あきらめの境地に陥ったりするのではないでしょうか。まさに5章で紹介した学習性無力感となってしまうのです。

そこで近年、このような反省から、クライエント自身が主人公であり、クライエントの想いを最大限に尊重しようという考えが出てきました。クライエントの想いを引き出し、その想いに沿ったかかわりを実践しようというのです。ただ、自分の想いを素直にことばとして表現できるクライエントばかりではありません。想いはあっても、ワーカーには表現していないかもしれません。クライエント自身、どうしたいのか整理がついていないのかもしれません。これまで受け身でワーカー任せだったものを、いまさら自己選択と言われても困る、といった戸惑いがあるかもしれません。また、意思表明の困難な重度知的障害のクライエントもいます。

▼クライエントの想いの理解

そこで、クライエントの今の状況からスタートして、少しでも意思表明のできるようなかかわり（援助）が必要となってきます。援助関係の形成が土台となっていることは言うまでもありません。3章で説明したように、皆さんは、どのような人と一緒にいると安心できて、ありのままの自分を表現することができるか考えてみましょう。そして、クライエントに対してそのような存在になりましょう。そのうえで、一人ひとりのクライエントが求める関係づくりを考え、実践しましょう。

ワーカー側からの働きかけはできても、クライエントの世界から物事を見るということはあまりできていないのではないでしょうか。そこで、クライエントはどのようなワーカーに心を開いているのか、どのような対応に自分を表現しているのかをつぶさに観察して、ワーカー間で十分話し合いましょう。一人では思いつかないことや主観に偏りがちなことも、複数のワーカーが見ることで、いろいろな角度から物事が見えてより客観的になるのではないでしょうか。

皆さんの職場では、通常の申し送り事項以外に、ワーカー間で日々の業務の中でクライエントに関して気づいたことや気になったことなどについて、些細なことでも情報交換や意見交換ができているでしょうか。情報交換や意見交換することによって、気づかなかったワーカーの気づきを促すことになります。そして、ワーカー間で情報を共有することで、クライエントの想いをより客観的に理解してゆくことに繋がってゆくのです。いかにワーカー間のコミュニケーションが大切かをご理解いただけたと思います。

このようにクライエントにとって安心できる存在となり、少しでもクライエントの想いを理解しようとする姿勢はきっと（百パーセントでなくとも）相手に通じ、クライエントは徐々に言語、非言語のメッセージを通して想いを表現してくれるでしょう。その想いを捉えて、応えていくことを繰り返しましょう。この繰り返しを通して、クライエントの抱える生活上の問題の本質を見出すことができるのです。すべてのクライエントが、自分のことばでニーズや将来設計を語るとは限りません。しかし、一人ひとりのクライエントの状況に応じて、そのクライエントなりの意思を尊重し、意思表明をサポートしてゆく、これがまさにクライエント主体の援助なのです。

▼意図的なかかわり

施設・事業所では、ワーカーはクライエントにさまざまな援助活動を通してかかわっています。実は、そのかかわりそのものがワーカーとクライエントとの面接に代わる重要な役割を果たしているのです。ワーカーがクライエントとともに時間を過ごすことで、あるいはクライエントの様子を見ることのできる距離を保って様子を見ることで、クライエントのさまざまな心身の状況や気持ち、感情、想いを理解することができるのです。

要介護高齢のクライエントを例に取って考えてみましょう。ワーカーが食事介助を行なっているとします。その際、業務の効率を優先して、単なる食事提供に終わっていないでしょうか。クライエントとの会話も表面的なもので終わっていないでしょうか。クライエントの食事の摂取量や食事の際の表情などを見逃していないでしょうか。

ある施設・事業所のワーカーは、毎日必ず自分の担当するクライエント全員と会話を交わすそうです。朝、「おはようございます。お元気ですか」と声をかけるのです。また、野球の好きなクライエントに対しては、「昨日、○○球団、勝ちましたね。良かったですね」と声をかけるそうです。クライエントも「おはようございます。ええ、元気ですよ」「○○球団、勝ったね」と声をかけてこられるそうです。ところが、そのワーカーは、通りすがりに自分がクライエントに声をかけるだけで、すぐその場を立ち去ってしまうのです。クライエントからの反応を意識していないのです。にもかかわらず、そのワーカーは、「自分は担当するクライエントすべての人と毎日話をしているので、コミュニケーションが取れている」と思い込んでいるのです。

このような声掛けは、一方向的であり、本当のコミュニケーションにはなり得ません。コミュニケーションとは、双方向のやり取りがあって成立するものです。クライエントの反応を意識しながらかかわってみましょう。また、クライエントの施設・事業所での生活状況から、クライエントのその時々の心身の状況をうかがい知ることもできるのです。

たとえば、高齢者の介護施設での食事介助の場面を例に考えてみましょう。いつもと比べて表情が暗い、いつもと比べて話題に乗ってこない、口数が少ない、ボーっとしている、逆に、表情が明るい、いつも以上に多弁である、落ち着きがない、などさまざまな表情やしぐさ、動作を読み取りましょう。

たわいもない会話の中に、クライエントの心身の状況をうかがい知るヒントがたくさん込められているのです。発信されたメッセージを読み取ろうとすることが大切なのです。世間話を通して、クライエントのその時々の心身の状況を把握しようとしたり、「いまどのような想いでいるのだろうか」といった気持ちや感情を理解しようとしたりすることを意識してゆくことが大切なのです。何気ない世間話を単なる世間話（日常の会話）で終わらせてしまうのか、その会話の中からメッセージを読み取ることができるのか、同じ光景であってもまったく意味が異なってきます。

一方、食事の摂取量はその時々のクライエントの心身状況が如実に表われます。普段と比べて摂取量が少ないと、「どうしたのだろうか」と疑問を抱くことが大切です。体調が悪いのか、辛いことや悩み事があるのだろうかなどと考えてみましょう。また、食事の摂取量から嗜好をうかがい知ることもできます。大好きなメニューのときは食欲が進むでしょう。ただし、好きなメニューでも食べにくければ食が進みません。食べやすい調理法や提供方法を工夫してみましょう。さらに食が進みます。

排泄介助でも同様に、尿や便の出具合、量、色などから健康状態の異変に気づくこともあるのでしょう。トイレという密室の中だからこそ、いろいろな話が飛び出してくることもあります。クライエント自身の出来事や施設での出来事の話が出ることもあるでしょう。悩み相談になることもあるでしょう。クライエントの想いなどの情報を得る機会にもなります。介護場面を通して、いろいろなかかわりができるのです。

食事介助、排泄介助以外にも、入浴介助、レクリエーション活動など施設・事業所で行なわれているさまざまな日常生活援助や活動も同様です。クライエントの生活に欠かせない重要な活動で、一つひとつの活動（プログラム）に意味があると同時に、クライエントのその時々の様子は心身の状況を如実に表わしているのです。

そのほか、医療機関の廊下でのやり取り、病室でのやり取り、入所施設の居室や廊下でのやり取り、作業所での作業を行ないながらのやり取り、児童施設で一緒に宿題をしながらのやり取り、スポーツやレクリエーション活動をしながらのやり取りなど、さまざまな生活場面の中でワーカーとクライエントのかかわりが展開されているのです。まさに、日常生活場面が面接の場となっており、その場面を通してクライエントの心身の状況やニーズを理解できる格好の機会なのです。直接クライエントとかかわっていなくとも、やや離れたところでクライエントの様子をうかがい知ることも重要な間接的なかかわりの機会となっているのです。

このように、援助を目的にクライエントとかかわってゆくことを**意図的なかかわり**といいます。意図的なかかわりがあるからこそ、施設・事業所で生活しているクライエントの自立生活援助に繋がってゆくのです。まさに、日々の生活援助は少し工夫するだけで、クライエントの自立生活に繋がる援助となるのです。言い換えれば、日々の生活援助の積み重ねを通してクライエントの自立生活援助を行なっているのです。そう考えると、毎日同じことの繰り返しに見える日常業務も重要な意味をもっていることがお分かりいただけたのではないでしょうか。

面接室での面接に限定されることなく、日常生活場面でのかかわりを日常生活場面面接といって、施設・事業所においては非常に重要だと言われています。このように見てくると、日常の生活場面でのかかわりは、立派な面接場面であり、面接技法を意識したかかわりを通して専門性を発揮する場となるのです。

▼意味のある一つひとつのプログラム

一昔前は、施設・事業所で行なわれている日常生活援助は専門性が求められないとも言われていました。とくに、身体介護や家事援助などは単なるお世話だといった認識が強かったようです。障害者の作業所では、作業活動は生産活動であり、経済保障であり、作業ノルマの達成に追われているといった感覚が強かったように思います。また、作業活動であるにもかかわらず、目的意識もあいまいで、ほとんど収入につながらず、単に簡易作業や自主生産の作業を淡々と行なっているといったところも多くありました。

しかし、先ほど説明したように、施設・事業所でのさまざまな活動一つひとつに意味があるはずです。ぜひとも、日中の活動の意味をもう一度見直してみましょう。日々の業務を単なるルーティンワークとして淡々と遂行しているに留まっていないでしょうか。プログラムを消化しているに留まっていないでしょうか。逆に、ムダなプログラムを前例踏襲で行なっているだけになっていないでしょうか。日々の日中の活動の意味や意義を見直して認識することで、一つひとつの活動も意義を見出すことができるでしょう。

2. 援助活動の内容

▼児童養護施設でのさまざまな援助活動

クライエントと日常生活の一部をともに過ごす施設・事業所、居宅訪問、医療機関では、面接室以外にも日常の生活場面の中でさまざまな援助活動が行なわれています。

児童養護施設では入所児童の日常生活の世話を行なっています。起床に始まって、乳幼児であれば衣服の着替え、洗面介助、排泄介助、食事介助などの身辺介助があります。日中の保育活動もあるでしょう。学童期の児童であれば、宿題指導といった日常生活の支援も行なっています。また、相談に乗ることや、子どもの様子を見守ることもあるでしょう。落ち込んだり悩んだりしている場合は話を聞くでしょう。ときには励ましたり、叱咤激励したりすることもあるでしょう。あるいは、子どもからの相談に対して情報提供したり、アドバイスを行なったりすることもあるでしょう。子どもが不適切なことをしたときは注意したり叱ったりすることもあるでしょう。さらに、ひとりの人間として成長してゆくよう生活全般に亘って育児、しつけを行なっていることでしょう。こういったかかわりを通して、入所児童の成長を援助しているのです。

また、児童同士のトラブルの仲介もあるでしょう。その仲介方法もさまざまです。中立の立場で、双方の話を聞いて、児童たちに気づきを促し、自ら仲直りをするよう図ってゆくこともあるでしょう。トラブルを止めさせなければならないときもあります。そのようなときは、ワーカーが割って入ることもあります。

児童が落ち込んでいるとき、そっと見守ることもあるでしょう。何か話しかけたり具体的な働きかけを行なったりするのではなく、ただ、そばについてあげるだけのこともあるでしょう。ことばはなくとも、そばにいるだけ、隣に座ってスキンシップを図って、身体のぬくもりを伝えてゆくこともあります。そばについてあげるだけでも、児童の心を落ち着かせたり、安心させたりすることもできるのです。

一方で、児童相談所や他の専門機関、学校と連携しながら、今後の入所児童の支援の方針や方向性について話し合いながら児童の生活を援助します。施設退所後の生活について考えたり、サポート体制を考えたり、生活の場や就労の場を探しに行くなど、具体的な援助行動を起こしたりもするでしょう。ときには、児童の親と連絡を取ることもあるでしょう。なかには、児童の親が怒鳴り込んできたときに対応することもあれば、離婚した児童の一方の親が児童の学校帰りに待ち伏せて連れ去ってしまったときに、児童相談所と連携しながら児童を守るといった活動もあるでしょう。

▼多様な範囲に及ぶ援助活動

今回取り上げた児童養護施設の例を参考に、皆さんの職場ではどのような援助活動を実践しているのか振り返ってみましょう。実に多様な活動内容が挙げられるのではないでしょうか。

このように見ていくと、施設・事業所での援助活動は、相談支援、介護サービス、日常生活援助、金銭給付、補助具や介護用品の支給、地域生活移行に向けた住宅斡旋、就労支援、社会生活技能訓練などの具体的福祉サービスの提供、積極的な働きかけ、情報提供、助言、見守り活動、付き添いといったクライエントに直接働きかけたりかかわったりする活動があります。クライエントの日常生活援助は、施設・事業所が中心的な存在となります。一方で、担当ワーカー単独、また、施設・事業所内だけで援助は完結しません。そこで、クライエントのニーズと制度やサービスといった社会資源とを結びつけることもあります。また、施設・事業所は、クライエントを取り巻く多くの専門職や非専門職と協力しながら援助を行なうことが不可欠となります。同じ施設・事業所のワーカー同士の連携、他機関との連携、家族、近隣住民との連携など、クライエントを取り巻く人々との連携を図ってゆくこともあります。そして、クライエントとクライエントを取り巻く専門職や非専門職とを結びつけることも必要となります。

クライエントの生活は多様であり、幅広い観点での援助が必要となります。ときには、クライエントを取り巻く人々同士の連携といった、ネットワークづくりも必要なときがあります。施設・事業所とクライエントに関係する人々との連携だけでなく、関係する人々同士が集まって、それぞれの観点から意見を出し合い、協力体制を作ってゆくのです。連絡を取り合い、情報を共有する、それぞれの立場でできることの役割を果たしてゆく、そして、クライエントの生活を関係する人々がみんなで援助してゆくのです。

▼自分を取り巻く環境の中での生活

なぜ、クライエントの援助はこのように多様な範囲に及ぶのでしょうか。人々の生活は、その人を取り巻く環境との関係の中で営まれているからです。そして、その環境との調和が極めて重要だからです。ここでいう環境とは、その人に影響を及ぼすすべてのものを指します。具体的には、自然環境、生活に必要な制度やサービス、街のつくり（公共交通機関、移動のしやすさ、公的機関や商店の充実度）、その人と関係する人々（家族、職場の同僚、友人、近隣住民、制度やサービス等の担当者）、職場（距離、仕事内容、雇用形態、地位など）、建物などの設備（使いやすさ）、空間（部屋の広さ、温度、色彩、明るさ、湿度）、社会のルールやマナーなどがあります。

私たちの生活は、環境に大きく影響を受けています。私たちの生活において、自分の置かれている状況と自分を取り巻く環境との関係とがうまく調和していると、問題は生じません。しかし、葛藤や摩擦が生じたとき、環境との改善を試みて、調和を図っていこうとします。人間は調和を図ろうとする力を有しているのです。ところが、その調和がうまくいかないことがあります。そうなると生活のしづらさを感じてきます。この生活のしづらさこそが生活上の問題なのです。クライエントの健康状態や経済状態が悪化したことで、生活のしづらさを感じます。このとき、さまざまな制度やサービス、社会との繋がり、家族関係など、クライエントを支える環境が整っていないことによって、生活上の問題が生じてくるのです。

▼クライエントを取り巻く環境との調和

同様に、施設・事業所のクライエントの問題を考えてみましょう。施設・事業所のクライエントを取り巻く環境として、医療や社会福祉の制度やサービス、ワーカー、関係する専門職や家族、他のクライエント、近隣住民、日中のプログラム、食事、施設の設備（居室空間、トイレ、浴室、動線、段差など）などが想定されます。

クライエントとそれを取り巻く環境との関係がうまくいっていると、クライエントの生活は快適になります。ところが、関係がうまくいっていないと、そこにさまざまな葛藤や摩擦が生じてしまいます。クライエントはストレス状態に陥り、不快な生活となります。クライエントとそれを取り巻く環境との調和が乱れ、自ら改善できなくなったときに問題が生じてきます。クライエントの生活を援助するとは、クライエントとそれを取り巻く環境との調和を図ってゆくことにあるのです（図6－1、図6－2）。

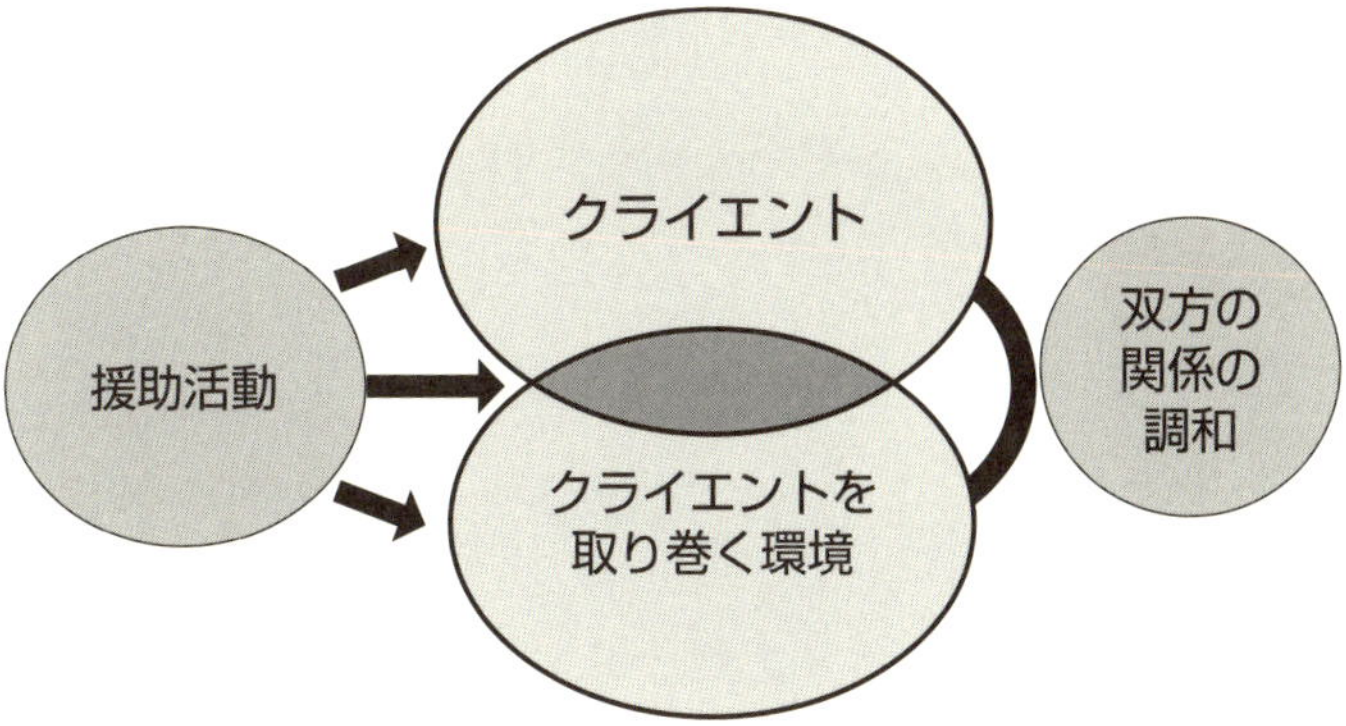

図6-1　クライエントと環境との調和〔津田作成〕

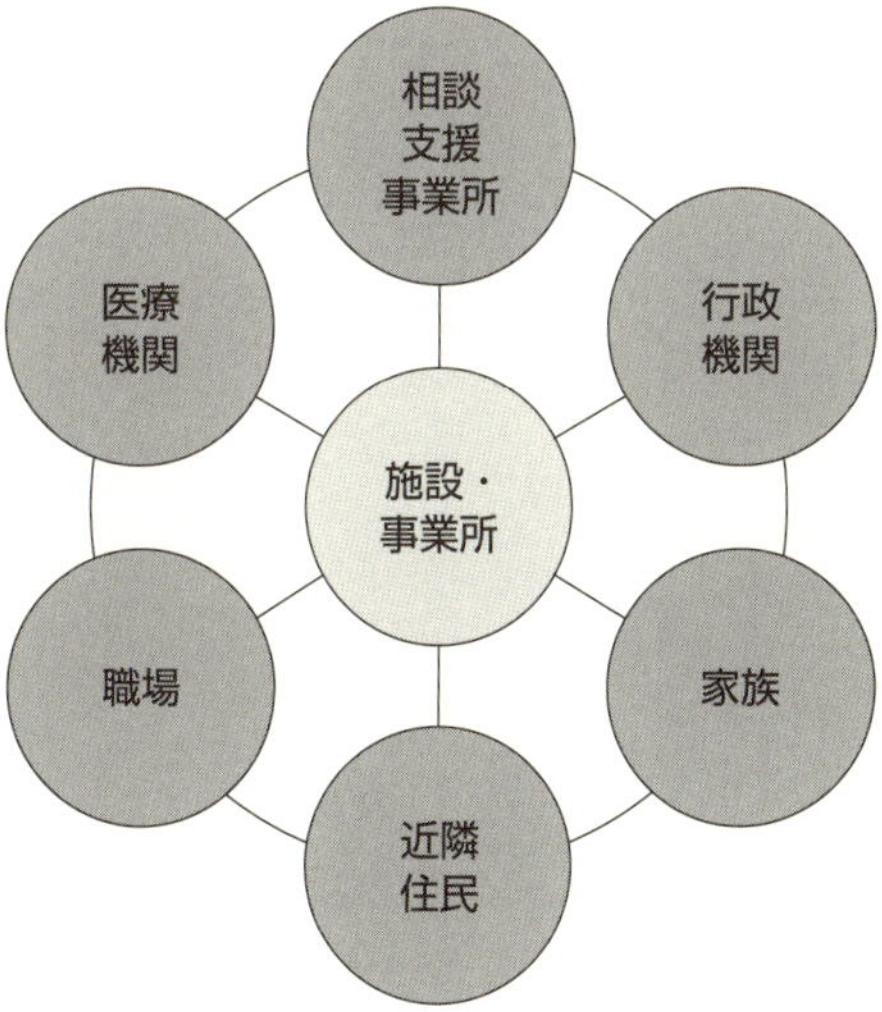

図6-2　施設・事業所が中心となってのネットワークづくりの例〔津田作成〕

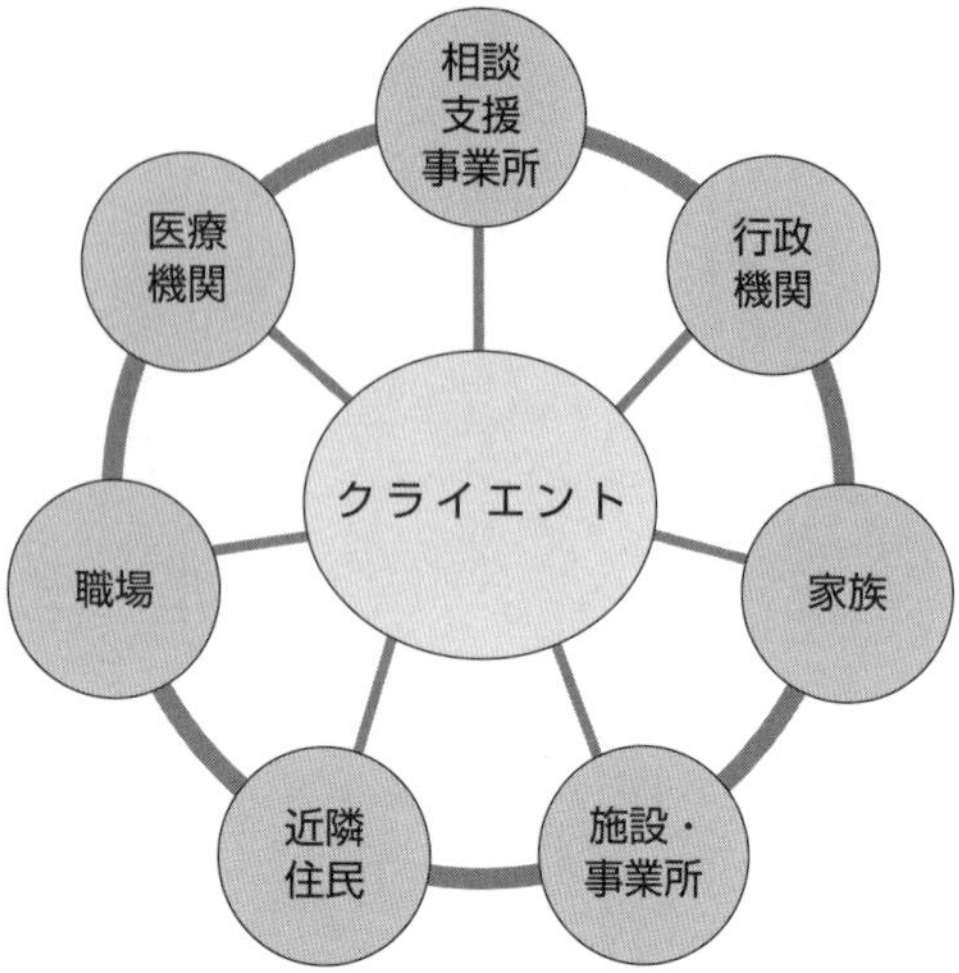

図6-3　クライエントを中心としたネットワークづくりの例〔津田作成〕

決して、クライエントの側に問題の原因を求めるのではないのです。クライエントにばかり焦点をあてて働きかけても、環境が変化せず、クライエントとの調和が保たれないならば、クライエントの生活環境は改善したことにならないのです。

そこで、クライエントに直接働きかけてゆく援助、クライエントを取り巻く環境に働きかけてゆく援助、さらには両者の関係を調整してゆく援助など、実に多様な活動範囲に及んでいます。このように、クライエントの生活という観点から、クライエントとそれを取り巻く環境との関係性の中で問題を整理していこうとする考えを「生活モデル」といい、ソーシャルワークの重要な考えとなっています（**図6－3**）。

▼援助活動の過程

施設・事業所における援助活動も、面接を中心とした援助活動同様、アセスメント、援助目標・計画作成、援助の実施、モニタリング、さらには新たなアセスメントにもとづく援助目標・計画作成、援助の実施、モニタリングへと進んでいきます。このように、援助活動は一定の流れを経て進展するのです。しかも、この流れを繰り返しているのです。この繰り返しを通して、クライエントが生活上で抱える問題の本質に近づき、問題を解決・軽減したり、よりその人らしい生活に近づけたりするのです。

しかし援助は必ずしも順風満帆に進むわけではありません。クライエントとワーカーの援助関係が崩れ、援助が滞ってしまうこともあります。また、クライエント自身あるいはその家族の心身の状況の変化によってニーズが大きく変わってしまい、これまで順調に進んでいた援助そのものを見直さなければならないことも出てきます。その時々の状況に応じて、柔軟にしかも機敏に対応してゆかなければなりません。このようなときは、臨機応変にその時々のクライエントの状況に応じ、ニーズを整理し、新たな援助計画を作成し、実施していかなければなりません。したがって、クライエントの日常の状況把握やクライエントを取り巻くさまざまな環境を的確に把握しておくことがきわめて重要となってくるのです。まさに、ソーシャルワークは、型にはまった流れではなく、ダイナミックな動きをしてゆくものなのです。

▼柔軟に展開される援助活動

ワーカーの援助活動の内容は一定ではありません。問題に対処する力がどれだけあるのかも、クライエントによって異なっています。クライエントひとりについてもその時々の状況によって異なっています。2章で説明したクライエントとワーカーの関係性によっても変わってきます。クライエントの問題に取り組む力がどの程度あるのかをしっかりと見極めてゆく必要があります。その上で、最も適切な援助活動を実施してゆくのです。より良い援助関係を意識しつつ、2章で説明したクライエントとワーカーの関係がパートナーシップの関係となることを目指したかかわりや援助活動が求められるのです。

3. チームで取り組む援助活動

▼複数のワーカーが配置されていることの強み（チームとしての援助）

施設・事業所では複数のワーカーが働いています。ひとりのクライエントに対して、複数のワーカーがかかわっています。ワーカーひとりでの対応ではなく、複数のワーカーがそれぞれ役割を果たしながら、またワーカー同士協力しながら対応できるという特徴があります。あるクライエントは、あるワーカーとはうまく関係が形成されていません。うまく関係が形成されていないワーカーには大切な話をしないでしょう。心を開かないでしょう。そのワーカーをクライエントの悩みの相談担当者に充てたとしてもうまくいかないでしょう。クライエント、ワーカーともにストレス状態になるかもしれません。そこで、複数のワーカーがいるメリットを活かして、関係のある程度形成されているワーカーが悩みを聴いたり対応を行なったりすることができます。

また、何かをきっかけにクライエントとの関係が悪化した場合でも、焦って関係を修復するよりも、しばらく様子を見守ったり、なぜ関係が悪くなったのかを冷静に見つめる冷却期間を設けたりすることもできます。場合によっては、他のワーカーがクライエントに当該ワーカーのどこがいけなかったのかを確認することもできます。複数のワーカーが配置されている施設・事業所では、まさに、チームとして仕事ができる強みがあるといえます。

▼ワーカー間の情報の共有

一方、気をつけておかなければならないこともあります。ひとりのクライエントに複数のワーカーがかかわるということは、裏を返せば、ひとりのクライエントの情報が分散してしまう恐れがあります。ある場面でのかかわりにおいて、かかわったワーカーが気づいたことやクライエントから得た情報をそのワーカーのものだけにとどめてしまうと、気づきや得た情報を他のワーカーと共有できません。そうすると、ワーカーによってそのクライエントのかかわり方に意見の相違が生じ、一貫性がなくなってしまいます。結果的に、クライエントに適切な援助を行なうことができなくなってしまいます。

そこで、如何にワーカー間でクライエントに関する情報を共有できるかが問われてきます。しかし、言うは易く行なうは難しです。関係するワーカー全員が同じ情報をもって接することに限界が生じてきます。極力情報の共有を図ることのできるよう、些細なことでも気づいたことや気になったこと、あるいはクライエントから得た情報を共有することを意識的に行ないましょう。普段からどのような情報を共有すべきか、ワーカー間で十分話し合っておくことが大切になります。

▼ひとりのワーカーにとどめないクライエントの個人情報

クライエントの中には、ある特定のワーカーにだけ自身のある事柄について知っておいて欲しいが、他言しないで欲しいといったことを要求してくることがあります。「相談があるんだけど、○○さんだけ知っておいて欲しいので、他のワーカーには言わないで欲しい。約束してくれますか」といったことです。さあ、どうしますか。経験の浅いワーカーだと、「自分だけに相談を持ちかけてくれた、クライエントとの関係を形成する絶好の機会だ」と思うかもしれません。守秘義務があるので、クライエントから誰にも言わないで欲しいと言われたら、「他言してはいけない」と思うかもしれません。

しかし、それではチームとしてクライエントにかかわっているという根本が崩れてしまいます。クライエントとの約束だからということで、そのワーカーの内に秘めたままだと、問題が大きくなり、取り返しのつかないことになります。問題が表面化してから、実は聞いていたとなれば、ワーカー間で不信感に陥り、関係が壊れてしまいます。これではチームワークが保てなくなります。また、話を聞いたワーカーだけでは対応できないほど重要な問題をクライエントが抱えているとしたら、聞いてしまった後で、「しまった！」と思っても手遅れです。他言しない約束をしたにもかかわらず、ひとりで抱えきれなくなって他のワーカーに相談し、情報が共有されていることが分かると、クライエントからの信頼を一気になくしてしまいます。そのワーカーに対する信頼だけでなく、援助している施設・機関、ひいては福祉専門職そのものに対する信頼もなくしてしまいます。いずれにしてもクライエントの援助には繋がりません。

このような事態に陥らないためにどうすればよいのでしょうか。クライエントから他言しないで欲しい、と言われた際に、「あなたにできるだけ良い援助をしたいので、情報はワーカー間で共有させていただくこともあります。その際には、事前に情報共有することをお伝えします。ご了承下さい」とはっきりと言いましょう。

自分だけに相談してくれているのに、クライエントを裏切ることになるのではないか、といった心配は不要です。ワーカー間で情報を共有することで、クライエントの援助に活かしてゆくということをしっかり伝えましょう。それより、約束を破ることの方がクライエントを裏切る行為になります。施設・事業所など組織に属する者として、情報を共有することは組織に所属しているワーカーに課せられた義務といえるでしょう。

7章　事例研究

1. 人生の途上で身体障害を有したクライエントへの支援事例

【事例1】　吉田さん（20歳、男性）

高校卒業後、定職に就かず、アルバイトをしながらアパートで単身生活をしていました。親との仲は悪く、ほとんど行き来はありませんでした。アルバイトで貯めたお金で、暴走族の仲間とバイクを乗り回して過ごす毎日でした。あるとき、夜中にバイク事故を起こし、救急搬送されました。一命は取り留めたものの、全身を強く打ったため、下半身の神経は麻痺し、車椅子が必要となり、上半身も麻痺が残りました。退院後、住んでいたアパートに戻って一人暮らしすることができず、両親のもとに戻ることもできず、不本意ながら障害者支援施設に入所することとなりました。

施設に入所当初、表情が暗く、ワーカー、他のクライエント、誰とも目を合わせることもありませんし、口を利くこともありませんでした。ワーカーが話しかけても無視し、食事を促してもほとんど食べようとしませんでした。ワーカーが食事を居室に運んで促すと、お膳をひっくり返すことも何度かありました。自暴自棄になっていたのです。

他のクライエントやワーカーも吉田さんを避けるようになり、ますます孤独になっていきます。介護職員の橋本ワーカーは、そんな吉田さんに対して、一日に一回は必ず声掛けを行ない、世間の出来事や施設でのプログラムなどを伝え続けました。吉田さんからの返事はありませんでした。それでも欠かさず、声掛けを続けました。

あるとき、橋本ワーカーは吉田さんの興味のあったバイクの話をしました。すると一瞬ですが、吉田さんが橋本ワーカーの顔を見たのです。その日は、それ以上突っ込んだ話をせずに終わりました。橋本ワーカーは、翌日以降も欠かさず吉田さんに話しかけることを行ない、時折、バイクの話を盛り込みました。すると、急に声を荒らげて「うるさい！　俺にかまうな！」と言ったのです。今まで無視し続けていた吉田さんが怒りの感情ではあるものの、反応があったのです。

その後も根気よくかかわり続けることで、「どうせ、俺なんか！」といった自暴自棄の発言が見られるようになりました。吉田さんは、バイク事故で身体機能の障害が残ったことに自責の念があり、これからの人生に悲観的で、そのいたたまれない感情を誰にもぶつけることができず、あきらめの境地だったのです。それが、橋本ワーカーがかかわり続けることで、徐々にいたたまれない感情を表現するようになったのです。

　その後、吉田さんは自分の置かれている状況を客観視でき、冷静に話をすることができるようになりました。自分の歩んできた人生を少しずつ橋本ワーカーに話し始めたのです。両親との不仲のこと、前向きに生きることができず、悪い友達と付き合うようになり、定職にも就かずにアルバイトでしのぎ、バイクを乗り回していたことなどを話し始めました。橋本ワーカーは、共感的態度で吉田さんの話に耳を傾け、決して吉田さんを責めるようなことはしませんでした。非行に走りがちだった吉田さんも、徐々に橋本ワーカーには心を開いていきました。

　時折、事故で全身に麻痺が残ったことへの悲嘆を、「こんな体になって、自分にはもう何もない」「生きる価値はない」と感情をぶつけてくることがあります。しかし、これまで無視して誰ともかかわりをもとうとせず、感情を押し殺していたことを考えると、感情を露わにするのはワーカーという存在を認めている証と捉え、そのようなときは、ただそばにいて話を聴くように努めました。橋本ワーカーは、「辛かったね」と声をかけることしかできませんでした。

　あるとき吉田さんは、同じような境遇にある人が地域で生活している姿がテレビで放映される場面をじっと眺めていました。それからしばらくして、橋本ワーカーに「自分にも何かできるかな」と問いかけてきたのです。現状を受け入れられない想いがある一方で、立ち止まっていても何も始まらないと思い始めたようです。実際、自分と同じような境遇の人でも、いろいろなサポートを受けながら地域で生活している姿を目の当たりにして、新たな生活の可能性を感じたようです。

橋本ワーカーは、決して焦らず、じっくりと吉田さんのペースを見極めながら前向きな気持ちへとシフトしてゆくことを支持しました。入所施設を退所して、地域で自立生活を送るには何が必要で、どのような課題があるのかを一緒に模索してゆくことにしました。

橋本ワーカーは、障害者の自立生活センターに連絡を取り、すでに地域生活を営んでいる障害者に話をしてもらうように依頼しました。そして、吉田さんと同じような状況にあった障害者に話を聴くことができました。障害者にとっての地域生活の意義、地域生活を営む上でこれからやらなければならないことなど、具体的なやり取りもなされていました。吉田さんと同じような状況にある障害者の話を聴くことで、吉田さんも地域生活をより身近に感じたようです。

橋本ワーカーは、住居、所得保障、介護サービス、ボランティア団体、日中の活動、相談支援体制など、生活に必要な情報を提供してゆきました。最初は、橋本ワーカーが吉田さんに必要だと考える情報だけを提供していましたが、やがて、吉田さんは地域生活に必要だと考えるサービスについて質問するようになりました。どの地域が最適か、自分の身体に合った住宅の造りや改修はどのようなものが相応しいのか、どの程度の介護サービスを利用できるのかなど、具体的な質問が多く出てくるようになりました。この頃になると、吉田さんは何事にも前向きで、表情も明るく、ワーカーや他のクライエントとの会話も頻繁に見られるようになりました。

さらに、障害者のケア・マネジャーともいえる相談支援事業所の相談支援専門員とも連絡を取り、地域生活に向けて動き出しました。相談支援専門員は、吉田さんと何度も面談を繰り返して信頼関係を形成しつつ、吉田さんの地域生活を応援したいと伝えていきました。そして、地域の不動産会社に問い合わせたり、理学療法士や作業療法士に吉田さんの身体に合った住宅はどのようなものが相応しいかのアセスメントを依頼したりするなど、吉田さんの想いに沿った支援を実施しました。吉田さんの地域生活には多くの困難や解決しなければならない課題は多くありますが、少しずつ実現に近づきつつあります。

〔事例へのコメント〕　橋本ワーカーは、吉田さんのペースに合わせたかかわりを心がけました。吉田さんの感情表現を大切に受けとめています。吉田さんの想いを尊重しています。このことが、援助関係の形成につながっていきました。援助関係の形成とともに吉田さんの新たな人生に向けての援助活動に着手しました。ワーカーの活動は、見守りや相談、励まし、情報提供、さらに、すでに地域で生活している障害者との交流の機会を提供、他の機関や団体との連携を図っていくことでした。クライエント自身が生きる目標をもつことで前向きになった事例です。

2. 母親との強い結びつきを克服した男性の事例

【事例2】　中村さん（34歳、男性）

結婚したばかりの34歳の男性です。結婚を4週間後に控えたある日、ビールを飲んでお風呂に入りましたが、自分の性器が勃起しないことに気づき、お風呂からあがると母親に「気分が悪い」と言って布団に入って横になり、近所の開業医に往診してもらいました。「軽い貧血でしょう」と言う診断で、注射をしてもらってしばらくすると気分も収まり、翌日は出勤できました。しかし、不安なので、勤務先の関係病院の内科、泌尿器科、精神科で受診し、男性のPSW（精神保健福祉士）を紹介されました。ワーカーは一ヶ月後に結婚を控え、性的な問題（勃起しないという状態）を抱えた青年を担当することにいったん躊躇しましたが、精神科医と連絡を取りながら面接を進めることになりました。

クライエントは四つ年上の姉をもつ男性です。父親は無口で消極的な性格、幾つか仕事を手がけましたがどれも上手くいかず、何事にも積極的な母親の存在に押されて影の薄い存在でした。クライエントはそんな父親が嫌いで、積極的な母親に可愛がられて育ちました。一方、気の強い姉は母親とうまくいかず、勤め先で知り合った男性と結婚し、ほとんど実家に帰ってくることはなく、たまに里帰りをすると母と口論が始まるといった状態です。クライエントはお母さん子で、母親も「大事な私の息子」といった感じだったとクライエントは話しています。

クライエントは小学校の頃から学業成績は良く、中学3年時には「社会科学研究会」というクラブをつくり、社会科の非常勤教員に感化され、また可愛がってもらいましたが、この先生はイデオロギー上の問題で退職せざるを得なくなりました。クライエントはその前年に自分の父親が病死したとき以上に、その教員との別れを淋しがったということです。家庭の経済情況を考え、中学を出たらすぐに働こうと考えていましたが、お金のことは助けるから高校だけは卒業しておくようにという伯父の励ましで高校に進みました。しかし、進学志向の高校の雰囲気になじめず、友達も少なく、もんもんとした学校生活を続けたそうです。

準公務員的な仕事に就き、平凡なサラリーマン生活を送る半面、何か満たされない気持ちを感じている毎日だったそうです。職場の女性を好きになりましたが、自分の選択で結婚すると母親と「うまくいかない」のではないかと思い、その女性との結婚をあきらめ、母の親友が紹介した女性と結婚することを選択しました。*1 しかしつき合い始めると、とても魅力的な女性で、初回面接では「なんだか恋愛中のような感じです」と話していました。

それと同時に、結婚式を目前にして、自分が夫婦関係を結ぶことができなかったらどうしようという強い不安感に苛《さいな》まれていることを訴えました。これに対してワーカーは、彼のコンサルタント的な精神科医とも相談し、クライエントの不安を受け入れ、傾聴する以外に方法はないという結論に達し、受容的な態度で接することに徹しました。クライエントは新婚旅行に精神安定剤を持って行きたいと訴えましたが、それも前述の医師との相談の上断りました。新婚旅行で性行為がうまくいかず、新婦が「貴方は私を愛していないからだ」と怒り、泣き出しました。そこで、クライエントはこれまでの経緯と病院の神経科に通っていることをすべて告白しました。すると新婦は、通院を続ければきっと良くなると理解を示し、クライエントもここ数週間ではじめて安心して熟睡できたということです。なお、新婚旅行中の夫婦の交わりは、一回だけとはいえ、可能でした。

このことは、新婚の二人にとって大きな励ましになったようです。一方、母親と同居の新婚生活は、妻にとっては結構心理的な負担が大きい生活であったようです。新婦はよく夫であるクライエントに、「お母さんは、『貴方はお勤めもあるし、私がやってあげるから、やらないでいい』と言うので家事を姑に任せていると、陰で『うちの嫁は何もしないで、全部私にやらせる』と周囲の人に言いふらしている」と夫に泣いて訴えたのでした。

たまりかねたクライエントが母親にそのことについて抗議をすると、「もうお前は嫁の尻の下に敷かれているのか」と汚いことばを妻の前でクライエントに浴びせたそうです。こうしたやり取りがほぼ毎日のように続き、妻は毎晩床の中で泣くような情況でした。そして、結婚から3ヶ月ぐらい経ったときに、3人で夕食を食べていると、妻が里帰り*2をしていないことを母親が取り上げ、「それは世間体が悪い。お前は一人で里帰りできないほど男が欲しい女だ」と言って、妻をなじったそうです。クライエントはいたたまれなくなって、その場を去って父親の仏壇の前で涙をこらえ

＊1　このクライエントに対してケースワークが行なわれていた頃は、第三者が結婚適齢期の男性と女性を引き合わせる「見合い」がよく行なわれていました。
＊2　この場合の里帰りとは、新婚旅行が終わって夫婦で生活を始める前に、一度新妻がひとりで自分の親元へ帰ることを言います。

て座っていると、母親がそこまで追いかけてきて、妻のことを口汚くののしりました。たまりかねたクライエントは、思わず母親を畳の上に突き飛ばして、「殺してやる」と叫んだそうです。

それを見て、妻はオロオロして泣きだし、クライエントは、母親を突き飛ばしたことを後悔して涙し、母親も息子夫婦に、「自分が悪かった」と自分の非を認めてはじめて謝ったというのです。そして、夫婦親子三人の間に、一種の和解のような雰囲気が生まれたのでした。そのためでしょうか、それまでスムースにできなかった夫婦の性生活も徐々にですが、改善されるようになったのでした。

このクライエントの場合、幼い頃から「お母さん子」で、父親との結びつきが薄かったようです。そうした関係は思春期、さらには青年期まで続いていたと考えられます。また、会社で好きになった女性との結婚を、自分の選択で配偶者を選んだら彼女と母親との間がうまくゆかないだろうという理由だけで諦め、母親の友達が紹介した女性ならば母親と「うまくゆく」と思って結婚したというのは、余りにも幼いというか単純な考え方であり、判断であるように思えます。

しかし、結婚によってクライエントは「母親以外の女性」と親しい関係を結ぶことを経験することができました。このことが母親への依存的な愛着を次第に減らして、母親の罵声に対して強い態度で抵抗し、最終的にはことばと態度で母親からの独立を宣言したと言えるでしょう。

〔事例へのコメント〕　これまでの記録から、結婚後クライエントが母親から徐々に独立して、妻との間に信頼と愛情にもとづく夫婦という人間関係を築くことができるようになったことがお分かりいただけたと思います。ワーカーは終始温かく、受容的な態度で接し、毎回の面接で語られるクライエントの夫婦生活への不安や母親への怒りに耳を傾けました。こうしたワーカーの態度から、クライエントは少しずつ支えと健全な男性のモデル（お手本）を見せてもらったのかもしれません。もちろん、妻の忍耐強い態度と包容力にも助けられたに違いないでしょう。こうして、母親から少しずつ「独立」を果たしてゆくことができたのです。

精神分析家のフロイトは、異性の親子関係についてエディプス葛藤（コラム13）とその解消という仮説を立てました。このケースを、そうした立場からさらに考察することも可能だろうと思います。その考え方をすると、このクライエントは母親との密着というエディプス葛藤の未解消のような状態を、ワーカーとのケースワーク関係を通して解消できたと考えることもできます。あるいは、精神科医で行動アプローチのウォルピによって提唱されたインポテンツに対する現実脱感作法を試みることも可能だったかもしれません。

コラム13　エディプス葛藤

自分の父親と知らずに父を殺し、母親と知らずに母と結婚したギリシャ神話の悲劇の主人公エディプス王の物語から取った名称。精神分析の創始者であるフロイトは、幼い男の子は母親を慕い、女の子は父親を慕い、独占したがる傾向を指して名付けました。また、思春期になると、第二のエディプス期といって、幼いときのように、男の子は母親に、女の子は父親に、異性としての感情を抱きますが、そうした自らの感情に不安を感じ、むしろ異性の親に嫌悪感を抱くとか反抗することも少なくありません。こうしたエディプス葛藤を解消し、男の子は父親と、女の子は母親と同一化することを通して、それぞれ男性あるいは女性としての自己を確立してゆきます。

3. エレベーターに乗るのが怖い少女が少しずつ不安を克服した事例

【事例3】　清水さん（14歳、女性）

不安神経症と診断された女子中学生で、病院のＰＳＷ（精神保健福祉士）のところへ紹介されてきました。半年間ほぼ毎週一回50分の面接の結果、症状が軽くなりました。そろそろ面接も終了を考える時期がきたとワーカーが考えていたときに、クライエントはワーカーに、「私はエレベーターに乗るのが怖いから、1階から5階の神経科外来まで歩いて上がって、面接が終わると1階まで歩いて下りている」と話しました。それで、ワーカーは5階まで歩いて上がったり下りたりするのは大変だろうから、エレベーターにひとりで乗れるように練習をしてみないかと誘うと、「先生とならばやりたい」という返事でした。そこで、毎週一回の面接を少し早く終え、ワーカーがクライエントと一緒に、少しずつエレベーターに乗る練習を始めました。

第1週目　面接が終わって部屋を出る前に、クライエントに、エレベーターに乗る練習をしたいと思うがどうかと尋ね、本人のやろうという気持ちをもう一度確かめました。次に、リラックスしてもらうために、リラクセーション法をいくつかやって、心を落ち着かせました。それから、二人でエレベーターまで行きました。この間にもう一度、「もし、○○さんがちょっとでも不安を感じたら、いつでも、エレベーターに乗るのは止めましょう」と再度念を押しました。最初の日は、誰も乗っていないエレベーターに二人で乗って、5階から4階まで下りました。クライエントに不安が全くないことを確認して、二人で5階までエレベーターに乗って帰り、その日の練習はそれで終わりました。

第2週目　次の週は、面接室で先週の経験を話し合い、不安が全くなかったことを確かめました。その日は、二人で5階から3階まで一緒に下りて、再び5階まで上がる計画を話し合い、本人に不安のないことを確かめました。ただ、実際にエレベーターに乗ったときには、いったん二人で5階から4階まで下りてから5階に戻る、という前週の「復習」をして、不安がなかったことを確かめてから、一緒に5階から3階まで下りました。そこで、不安が全くないことを確認し、3階から5階まで一緒に戻って、その日の練習は終わりました。

第3週目　この日も、面接室で先週の経験を話し合い、不安が全くなかったことを確かめました。そして、5階から3階までワーカーと一緒にエレベーターで一往復し、それをさらに2週間続けてから、**第6週目**に、5階から2階までワーカーと一緒にエレベーターで往復できました。そして、**第7週目**には5階から1階までワーカーと一緒にエレベーターで下り、また1階から5階まで上がることもできました。5階まで帰ったときに、ワーカーはもしクライエントが不安を感じないのならば、5階でワーカーがクライエントと一緒にエレベーターに乗って、4階のボタンを押してからエレベーターを下りるので、クライエントがひとりで4階まで下り、ワーカーは階段で4階まで下りて、そこで二人が落ち合うことが不安なしにできるだろうかと尋ねました。クライエントはしばらく考えていましたが、「やってみる」と答えました。そして、見事にひとりでエレベーターに乗って、4階まで下りたのです。

第8週目　この日は、第7週目に行なった5階から4階までクライエントがひとりでエレベーターに乗って下り、ワーカーは階段で下りることをもう一度やってみました。その後、同じようにクライエントがひとりで5階に上がり、ワーカーは歩いて上がりましたが、不安は全くありませんでした。この日はこれで終了しましたが、別れ際、「先生は3階から5階まで歩いて上がってきたら、フーフー言ってしまった。できたら来週は、清水さんがエレベーターで上がったら、先生は別のエレベーターで5階まで上がりたいが、どうだろうか」と尋ねると、クライエントは「いいですよ」と笑って答えました。

第9週目　クライエントは面接室に入ってくるなり、「先生、私エレベーターで此処まで上がってきました」と言って、ニッコリ笑ったのでした。

〔事例へのコメント〕　この事例の場合、クライエントとワーカーの間に信頼関係に基づく人間関係ができていたことが、この現実脱感作法の実行を可能にしたと思います。なお、もっと頻繁にエレベーターに乗れば、もう少し早く不安は解消できたかもしれません。しかし、不安の解消の手続きでは、クライエントが不安や心理的な痛みを絶対に感じない範囲で行なうように配慮するのが、この現実脱感作法を使うときのワーカーの責任だと思います。

4. お約束表を使って子どもの行動を改善する試み

私たちの周囲には子育てに悩む親が少なくありません。そこで、行動理論に基づいた子育て支援が注目されてきました。まず、5章で紹介した考え方を両親にやさしく説明することから始めます。ある児童館にワーカーが出向いて、母親に子育てのためのヒントをやさしく説明し、また、子どもの困った行動を改善するためにお約束表を使うことと、「時間を区切って子どもとの遊びに集中する方法」などを両親に紹介し、次週まで家庭で子どもと一緒にやるようにお願いをします。なお、このプログラムは50分の子育てについてのやさしい講義に続いて、ワーカーと児童館のスタッフが母親から子どもについて話を聴き、質問に答え、また意見を交換しながら、子どもの困った行動をより良い方向へ変化するように支援しています。*1

▼第1回目の講義内容

(1) 人間関係では相手に与えたものが自分に返ってきます。プラスを与えればプラスが、マイナスを与えればマイナスが返ってきます。これは親子関係でも夫婦の間でも同じです。

(2) 私たちは子どもの悪いところを減らそうとするために、叱ったり怒鳴ったり、厳しすぎたりします。叱るだけでなく、何をどうやって欲しいかを子どもに言いましょう。そして子どもがやったらそれをすぐに褒めましょう。ちょっとの変化を喜びましょう。

（3）何かをやって結果が良ければまたやります。子どもの話に、「そう。そんなことがあったの」と注目と関心を示して下さい。そうすれば、子どもはまたご両親に話をするでしょう。

（4）残念ながら、一回褒めただけでは行動は変わりません。何度も、何度も、褒めましょう。キーワードは、「ちょっとでもやれたらすぐに、毎回、一貫性をもって」褒めることです。

（5）悪いことをしたときは叱ることが大切です。でも、何処が悪いのか、どうして欲しいかも言って下さい。そして、ちょっとでもやったら、「やれたね」「良くなった」と言って褒めてあげて下さい。まだできていなくても、やろうと努力していたら、「頑張っているね」と褒めてあげましょう。子どもの努力を評価してあげて下さい。

（6）「しつけ」で大切なことは、お母さんやお父さんが子どもに「どんなことをして欲しいか」「どんなことをして欲しくないか」を具体的にはっきりと伝えることです。

（7）お母さんやお父さんがお手本を見せれば、子どもはそれを見習うことができます。「手を洗いなさい」と言うだけでなく、ご両親が手を洗って見せて下さい。一緒に洗って下さい。

（8）お母さんやお父さんは毎日仕事や家事で忙しいと思います。でも、一日一回10分間子どもと遊んで下さい。キッチン・タイマーで時間をセットしたら、「よーい、スタート」で遊び始めま

＊1　第1回と第2回の講義内容は、武田建・米沢晋子著『里親のためのペアレントトレーニング』ミネルヴァ書房、2014年、163～179頁をもとに要約して書いたものです。

しょう。ただこの時間は、子どもに「ああしなさい」「こうしなさい」と言わないで下さい。子どもが自由に遊ぶのを親が「そばで見ている」という感じです。子どもが積み木でお家を造っていたら、そばで見ていて、「あ、赤い屋根だね」「窓も付いている」と子どもがやっていることを、ことばで言ってあげて下さい。上手なところを褒めて下さい。子どもがやっているのと同じことをお父さんやお母さんがやるのもいいでしょう。子どもがやっているのと同じことをすることは、ご両親が「貴方のやっていることを尊重していますよ」と伝えているのと同じことです。

（9）　この子育て勉強会では、ご両親が子どもを褒めるために「お約束表」（図7－1）を用意しました。子どもにやって欲しいことを三つ選んで下さい。でも、その一つは子どもがすでにやれていることです。あと二つは、やれそうだけどまだやれていないことを選んで下さい。子どもに、「○○ちゃん、児童館でこの表をもらってきたの。今日から（すでにやれている）△△をしたら、このお約束表にシールを貼って褒めてあげる。それから、○○ちゃん、□□と□□をやって欲しいの。だからこの箱に書いておくね。やれたらシールを貼って褒めてあげる」。お父さんにもこのお約束表のことをよく説明しておきましょう。お父さんが参加して褒めて下さると、お約束表の効果はぐんと上がります。お父さんが褒めて下さったら、あとでお母さんがお父さんに、「有り難う、お父さんが褒めると、とっても効果が上がるの」とお礼を言うのを忘れないで下さい。子どものしつけは家族全員の課題です。

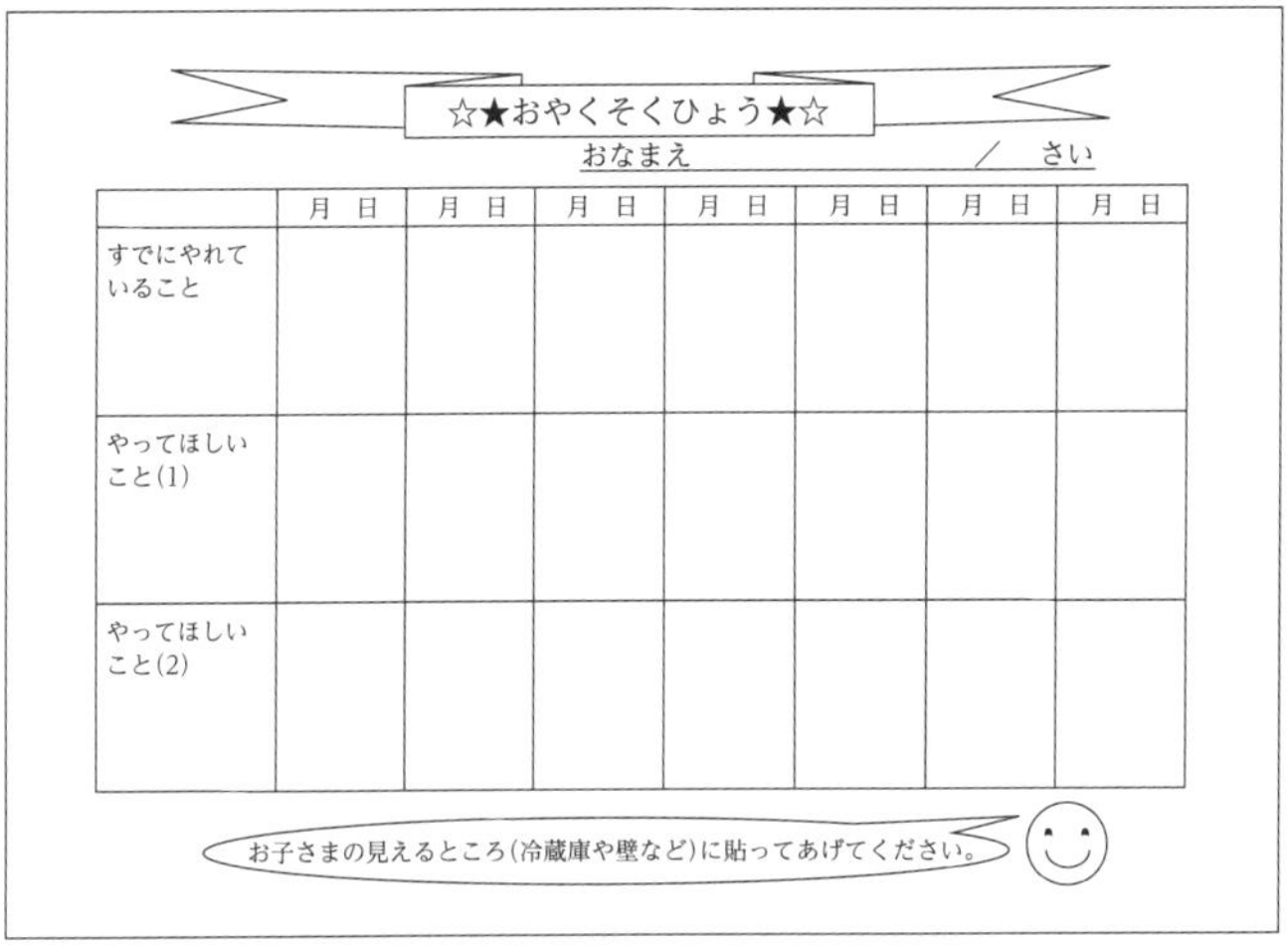

図7-1　お約束表〔武田作成〕

お約束表（図7－1）は4歳から10歳ぐらいまでの子どもに使うのが最適です。しかし、それ以上の年齢の子どもにも使える場合もあります。子どもが表に書いてある三つのうち一つでもやったら、その該当の□の中にシールを貼るとか、○を画いて大いに褒めて下さい。一つ目の項目は子どもが「すでにやれている」ことです。二つ目と三つ目はまだやれていないが、少し努力したらやれそうなものを取り上げて下さい。最初は「すでにやれる」ことですから、必ずできると思います。それを褒めてもらうと、子どもは二番目三番目の項目にも挑戦するようになります。

▼第2回目の講義内容

講義に先立ち、講師のワーカーが、「時間を区切って子どもと遊ぶ」を実行した参加者に感想を尋ねました。すると、「とても子どもが喜んだ」「褒めて効果が上がった」といった声がいくつも挙がりました。それを聞いたある母親は「私も、やってみよう」と言いました。お約束表の実施では、「達成可能な目標」を強調したためか、成功の報告が非常に多く聞かれました。そして、復習を兼ねて、次のような点を強調します。

（1）良い行動をやって当たり前と思わずに、やったらすぐに褒めましょう。喜んであげましょう。褒められた子どもは、ほかの良いこともするようになります。

（2）褒めるときには何処が良かったかを言って褒めて下さい。「良い子ね」というだけでは、当人は自分の何処が良かったのかわかりません。「ひとりでお片付けができてえらかったね」といった具合です。

（3）子どもが良いことをしたらすぐに褒めましょう。褒める効果は時間の経過とともに減ってゆきます。

（4）褒めるときには、笑顔で子どもの目を見て褒めましょう。

（5）完全でなくても、まだ十分やれてなくても、努力していたら、「一生懸命にやってえらいね」とその努力を褒めましょう。

（6）上達には時間がかかります。ですから、一回褒めただけでは子どもは変わりません。何度も褒めて下さい。お母さんだって、新婚当初は現在のようにお料理の達人ではなかったと思います。毎日お料理をしているうちに上手になったに違いありません。

（7）何かを上手にやれるようになるまでには時間がかかります。やって欲しい課題を小さく区切って、少しずつやらせて下さい。やれたら直ぐに褒めましょう。全部が上手にできていなくても、できている部分を褒めましょう。

（8）悪いところばかりを取り上げると、叱ってばかりいるようになります。叱るときは、「駄目じゃないの」と叱るだけではなく、「何処が悪いか」「どうやって欲しいか」を言ってあげて下さい。そして、ちょっとでもやれたら、まだ完全でなくても「頑張っているね」と褒めてあげましょう。

（9）悪い行動を叱っているつもりで、注目とか関心というご褒美を困った行ないに出していることがあります。叱ったり睨んだり叩いたりすることは、一種の注目であり関心です。ですから、良い行動には注目や関心を示し、悪い行動には注目や関心を示さないようにしましょう。でも、これはとても難しいことです。ですから、ちょっとでも良くなったら、直ぐに褒めることを提唱しているのです。例えば、「○○ちゃんが泣いても、お母さんはほっておきますよ。でも、○○ちゃんが泣きやんで、お話しできるようになったら、また相手をしてあげますね」と言うのもいいでしょう。

（10）困った行動を無視してなくす（消去）ことは、非常に難しいことです。無視した挙げ句に子どもの困った行ないに耐えられなくなって、叱ったり怒ったりしてしまいます。つまり、一番悪い行動に注目や関心を示してしまっているのです。ですから、困った行動の反対の良い行動に注目し、それに関心を示すことをお願いしているのです。

(11) 子どもが嫌がりそうなことをさせるときには、選択の余地を与えるのも良いでしょう。「○○を今やる？ それとも後でする？」と選択権を与えると、子どもの抵抗は少し減るようです。

(12) 突然何かを命令されると、子どもは（大人も）嫌がります。そんなときには、予告をしておくのも良いでしょう。子どもが公園で友人と遊んでいるときに、お母さんが「晩ご飯だから帰って来なさい」と言うと、子どもは嫌がるときがあります。そんなときには、「今帰る？ それとも10分したらもう一度迎えにきてもいいけど。どっちにする？」といった具合です。予告しておくと、抵抗が少ないようです。

(13) プリマックの原理という法則があります。滅多にやらない行動の後によくやる行動をもってくると、滅多にやらない行動が増えるというのです。テレビばかり見て宿題をしない子どもには、「宿題をしたら、テレビを見ましょう」と言うわけです。

(14) 悪いことをしてでも親の関心を引こうとする子どもがいます。こうした子どもへの対応は難しいものですが、悪いことの反対である良い行動をしたら、それを褒めましょう。

2回目の集まりでは、親が子どもと「お約束表」を使った結果と「10分間、子どもの遊びに集中する」結果を持ってきてもらいます。多くのお母さんが「やれました」という結果を示すシールとか丸をつけたお約束表を持ってきます。

ワーカーの役目は、子どもができた点をお母さんと一緒に喜び、できていない点は何故できなかったのだろうかと一緒に考え、子どもに求めたことが難しすぎたと思うならば、要求水準を下げてやり易くするとか、もっとやさしい課題に変えることを提案します。多くのお母さんがお約束表を使うことで、今までやらなかったことを、子どもがやるようになったと報告し、喜んで下さいます。また、10分間子どもの遊びに集中することを実行した親は、お約束表に比べると数はやや少ないですが、子どもとの関係がとても良くなったと話して下さいます。一回だけでこの会を終わりにするよりも、二回目があると、それまでに「宿題」を実行し、結果を持ってきてワーカーと話し合い、注目、関心、励まし、示唆などをもらえることがこのプログラムの大切なポイントだと思います。

終章　対人援助職のすばらしさ

1．対人援助の醍醐味

▼やりがいのある対人援助の仕事

ケースワークをはじめ、生活上のさまざまな悩みや困難を抱えた人々を援助する対人援助の仕事は、とてもやりがいのある仕事だといえます。筆者はワーカーとして援助に携わったことで、クライエントの生活が改善され、クライエントの喜ぶ顔を見たとき、クライエントや家族に感謝されたとき、対人援助の仕事に従事していて本当に良かったと思いました。人々の生活を援助し、その人の幸せを願うところに対人援助のやりがいを感じるのです。クライエントの幸せや喜びをワーカー自身の喜びと感じられることを利他主義といいます。

むろん、ワーカーが援助に携わっても、常に援助が順調に進むわけではありません。クライエントとうまく援助関係が形成できないとき、援助関係が形成されていると思い込んでいたのに、そうではなかったというときもあります。クライエントが心を開いてくれなかったり、援助そのものを拒否することがあったりもします。クライエントの抱える問題があまりにも大きすぎて自分では背負いきれないのではないかと悩むこともあります。順調に援助が進んでいるように見えても、ある日突然、問題が勃発し、振り出しに戻ってしまうこともあります。クライエントに必要な援助やサービスは明確でも、現実にそれを提供することができないというジレンマに苛まれることもあります。クライエントを取り巻く関係者や関係機関との連携がうまくできないこともあります。

ワーカーは、真摯に援助に取り組もうとすればするほど、自分自身の力不足や限界を感じることがあります。このように、対人援助の仕事には辛いことや苦しいことが多くあります。しかし、辛いことや苦しいことがあっても、ひたすらクライエントのより良い生活を目指して、クライエントとの援助関係を大切に援助に携わって、少しでも改善の兆しが見られたとき、クライエントの嬉しそうな顔や満足そうな顔を見たとき、それまでの苦労が一気に消し飛んでしまいます。本当にこの仕事をやっていて良かったと思えるのです。

▼対人援助はクライエントの生命や生活に大きくかかわる大切な仕事

対人援助の仕事は、クライエントの生活、ときには生命にかかわる重要な仕事なのです。そして、単に日々生活を営んでいるというだけでなく、クライエント一人ひとりのその人らしい生活、より豊かな生活を願って援助や支援をしているのです。

虐待の被害に遭っている児童、障害者、高齢者などもいます。放っておけば生命の危険にさらされてしまいます。もっとも信頼すべきはずの親に見放され、自暴自棄になって非行に走ったり、薬物にはまってしまったり、犯罪に手を染めてしまったりする児童もいます。そこに付け込む悪い大人たちが、児童を性犯罪、傷害事件、恐喝などに巻き込んでしまうこともあります。また、加齢とともに心身機能が低下し要介護状態となり、介護サービスや住宅改修の必要な高齢者が増えています。孤立している単身の高齢者が衛生上の問題や栄養失調で重大な病気になっているといったこともあるでしょう。社会との繋がりがなく、誰ともかかわりなく、ひとりで亡くなっていく高齢者もいます。判断能力の不十分な高齢者や障害者の権利が侵害されていることもあるでしょう。心身機能の障害があるがゆえに差別や偏見の対象とされ、その人らしい生活を営むことのできない人もいます。収入がなく餓死寸前の母子、高齢者、障害者もいます。けがや病気で心身機能の障害を有し、これまでの生活ができなくなり、生活困窮に陥ったり、家族との関係が悪化して家庭崩壊に繋がっていったりすることもあります。ホームレスの問題なども大きな社会問題となっています。このように、社会福祉がかかわる人々の生活は多様で複雑であり、深刻な問題を抱えている人々が多くいます。

このような複雑で深刻な問題に働きかけ、適切な援助を行なうことで、クライエントの命を救ったり、よりよい生活へとつなげていったりすることができるのです。まさに対人援助は、クライエントの生活に大きくかかわってゆく、非常に大切な仕事なのです。

▼表面に出ていない、背後にある問題を理解

人と人との関係が希薄化しているといわれる現代社会において、私たちの生活上の問題は複雑で、深刻になっています。生活困難な状況にあるクライエントに経済的な面での保障をしたり、要介護状態にある高齢者や障害児・者の介護サービスや住宅改修など、具体的なサービスを提供して問題が解決することもあるでしょう。

しかし一方で、生活上の問題には家族関係・近隣関係などの対人関係や、クライエント自身の問題の捉え方やものの考え方などが複雑に絡み合っているのです。表面に出てきている金銭問題や介護の問題にだけ目を向けるのではなく、その背後にあるさまざまな問題やクライエント自身の問題の捉え方など、いろいろな角度から問題を考えていかなければ、本当の問題解決に繋がらないことも多いのです。

虐待問題でも同じです。単に「虐待は良くない」「大切な家族に虐待をするのは許せないから引き離そう」といったことでは解決に繋がりません。児童虐待では、夫婦関係が大きく影響していることもあります。母親の精神的ストレスが影響していることもあります。高齢者虐待も同様に、これまでの家族間の葛藤や関係、家族の介護負担、経済的な問題など、さまざまなことが複雑に絡み

合っているのです。

そこでワーカーは、クライエントの問題解決や改善に向けて、複雑に絡み合った問題を解きほぐしてゆくのです。その援助の過程でクライエントと向き合い、専門的な援助関係を形成し、表面に出てきにくいクライエントの問題や想いを理解してゆくことが大切なのです。

クライエントの生活上の問題は、同じような問題であっても、一つひとつ異なっているのです。同じような問題に対する援助には定石があるかもしれませんが、それでも全く同じ援助を機械的に提供してもうまくゆくはずがありません。あるクライエントの問題ではこの援助でうまく解決できたとしても、別のクライエントの問題には通用しないことも多くあります。どれをとっても全く同じということはないのです。一つひとつの問題に対して、クライエントと専門的な援助関係を形成しつつ、援助を模索していかなければなりません。

▼正解の見えない対人援助の仕事

しかし一方で、クライエントの表面に出てこない背後にある問題にすべて向き合い、そのことを含めて解決してゆくには相当の困難を伴うことがあります。不可能なことも多いでしょう。クライエントにとって家族関係の修復が理想的であっても、これまでの確執で不可能なこともあるでしょう。クライエントの身体機能の状態から大規模な住宅改修が必要だが、現在住んでいる住居形態や金銭的な問題で限界もあるでしょう。また、クライエントが過去に受けた心の傷はそう簡単には癒えません。そこで、ソーシャルワークなどの社会福祉の対人援助では、複雑に絡み合った問題を理解しつつ、より現実的にクライエントの生活を考えていきます。そして、クライエントや家族にとってベストではないかもしれないが、現状の中でより良い方向性を模索してゆくのです。

ワーカーがクライエントと一緒に問題を模索し、解決、改善に取り組んだ結果、解決、改善に繋がることもあるでしょう。あるいは残念な結果になってしまうこともあるかもしれません。また、解決、改善に繋がったと思えても、実は別の援助を行なっていれば、もっと良い方向に向かっていたのかもしれないのです。残念な結果になったと思ったとしても、別の援助を行なっていれば、もっと悪い結果になっていたかもしれません。明確に結果を評価できることばかりではないのです。

皆さんも、「これで良かったのだろうか」「もっと別の援助があったのではないだろうか」と思い巡らすことがあるでしょう。こう考えると、対人援助には正解がないのかもしれません。援助の成果が見えにくいときには、仕事をしていてやや消化不良になるかもしれません。

しかし、別の見方をすれば、正解が見えにくいからこそ、ワーカーあるいはワーカーの所属する施設や機関のスタッフがみんなで知恵を出し合い、そのクライエントに最もふさわしい援助を模索し、考え、実施できる醍醐味があるのです。機械的に、決められた通りに仕事を行なうのではなく、クライエントのその人らしい自立した生活に向け、ワーカー自身の裁量の中で思いを巡らし、考え、実行に移してゆくことのできる、とてもやりがいのある仕事なのです。まさに、ソーシャルワークはクライエントの生活を援助する重要な仕事であり、それを担うワーカーは、能動的に考え、動く専門職なのです。読者の皆さんもぜひ、やりがいを感じて下さい。

2. 専門職を目指して

▼ワーカー自身を成長させる対人援助の仕事

対人援助の仕事は、自分自身の人間形成に役立つ仕事でもあります。筆者（津田）は、かつて障害者の作業所で働いていました。知的障害のクライエントが懸命に作業に取り組んでいる姿や、何かに真剣に取り組んでいる姿や、懸命に生きる姿を見たときに、クライエントに癒やされたこと、また勇気をもらったこと、クライエントの純粋な心に触れたときに自分自身の戒めの機会としたこともありました。身体障害のクライエントからは、生活上のさまざまな知恵を教わったこともありました。また、クライエントの生活体験や人生観から自分自身の今後の職業観だけでなく、人生観にも大きく影響を受けたこともありました。

社会福祉の仕事に就いた頃、「対人援助の専門職として、クライエントから影響を受けるのはおかしい」と思っていました。しかし、今ではそれは間違いであったと思っています。私たちは対人援助の仕事を行なっており、クライエントに援助を行なっています。しかし、その過程においてクライエントに一方的に与える、あるいは提供するばかりではないのです。クライエントとワーカーとの双方向のやり取りが続けられているのです。そこにはクライエントからも多くのことを吸収しているのです。

クライエントも私たちワーカーと同じ人間です。クライエントを私たちワーカーと同じひとりの人間としてかかわってゆくことが大切なのです。対人援助はまさに人と人とのかかわりなのです。お互いに影響を与え、影響を受けている関係なのです。読者の皆さんはそのことに気づいておられるでしょうか。クライエントからいろいろなことを吸収して下さい。自分自身の成長に繋がる内容が多くあることでしょう。そして、クライエントから多くのことを吸収できると、クライエントの人間としての魅力を感じ取ることもでき、新たな援助のヒントも見えてくるでしょう。

▼ワーカーへのメッセージ

本書を締めくくるにあたって、ワーカーあるいはこれから専門職を目指す皆さんに応援メッセージを送ります。まず、失敗を活かし、成長の糧にして下さい。ワーカーもひとりの人間です、聖人君子ではありませんので、ときには失敗もあるでしょう。しかし、その失敗を謙虚に反省し、次に繋げて下さい。

良き相談相手を見つけて下さい。仕事は辛いものです。クライエントのことだけでなく、職場の人間関係、仕事と家庭との両立などさまざまな悩みが生じてきます。そのようなとき、決してひとりで抱え込まないで下さい。職場の内外にかかわらず、ひとりでも良いので、本音で悩みを打ち明けることのできる人がいるといいですね。すぐに解決できるわけではありませんが、悩みを打ち明けることで、随分と気持ちが楽になるものです。

　仕事と休暇のメリハリをつけて下さい。仕事のことばかり考えていると行き詰まってしまいます。自分でも気づかないうちに燃え尽きてしまいます。クライエントと向き合っているときは真剣に集中して向き合いましょう。しかし、それをずっと継続すると息切れしてしまいます。仕事と休暇のメリハリをつけて、休息のときは大いに気分転換をして、新たな気分で仕事に臨みましょう。

　専門性を高めるべく、自己研鑽を怠らないようにしましょう。対人援助は専門職だといえます。社会福祉関連の資格を目指すのもよいでしょう。さらに、ご自身の仕事に関係する専門書を読んだり、勉強会に参加したりして専門性を高めましょう。そして、専門知識や技術だけでなく、世の中の動きや他分野の知識を学ぶことを通してひとりの人間として視野を広げましょう。このことがクライエントの生活を援助することにきっと役立つことでしょう。

　頑張っている自分を褒めましょう。皆さんが対人援助の仕事を選んだ動機はさまざまです。しかし、人の生活を援助すること、そして人の喜びを自分の喜びと感じることのできる仕事を選んだのです。ぜひ、対人援助の仕事に従事している自分自身を褒めてあげましょう。そして、対人援助の仕事に自信と誇りをもちましょう。そのことがきっとクライエントの援助にプラスに作用することでしょう。皆様の福祉専門職としてのご活躍とご成長をお祈りしています。

引用・参考文献

和文

☆アイビイ、アレン・E『マイクロカウンセリング―〝学ぶ‐使う‐教える〟技法の統合：その理論と実際』福原真知子ほか訳編、川島書店、1985年
☆飯塚雄一「対人コミュニケーション」井上肇監修、野口勝己・飯塚雄一・栗田善勝編『対人援助の基礎と実際』ミネルヴァ書房、1993年
☆今田寛『心理学の基礎』培風館、1995年
☆今田寛『学習の心理学』培風館、1996年
☆岩間伸之「ソーシャルワークにおけるアセスメント技法としての面接」『ソーシャルワーク研究』第26巻第4号、2001年
☆尾崎新『ケースワークの臨床技法―「援助関係」と「逆転移の活用」』誠信書房、1994年
☆京都府社会福祉協議会監修・津田耕一著『福祉職員研修ハンドブック―職場の組織力・職員の実践力の向上を目指して』ミネルヴァ書房、2011年
☆金田一京助他編『新明解 国語辞典』（第5版）三省堂、2000年
☆空閑浩人編著『ソーシャルワーカー論―「かかわり続ける専門職」のアイデンティティ』ミネルヴァ書房、2012年
☆久野能弘『行動療法「医行動学講義ノート」』ミネルヴァ書房、1993年

☆久保紘章「構造化されている面接」『ソーシャルワーク研究』第16巻第4号、１９９１年
☆黒川昭登『臨床ケースワークの基礎理論』誠信書房、１９８６年
☆『ケアマネジャー』第12巻第1号、中央法規出版、２００９年
☆小嶋省吾「生活場面面接の構造・範囲・意義」『ソーシャルワーク研究』第24巻3号、１９９８年
☆坂口哲司『看護と保育のためのコミュニケーション―対人関係の心理学』ナカニシヤ出版、１９９１年
☆佐久間徹『広汎性発達障害児の応用行動分析（フリーオペラント法）』二瓶社、２０１３年
☆芝野松次郎『社会福祉実践モデル開発の理論と実際―プロセティック・アプローチに基づく実践モデルのデザイン・アンド・ディベロップメント』有斐閣、２００２年
☆芝野松次郎『ソーシャルワーク実践モデルのＤ＆Ｄ―プログマティックＥＢＰのためのＭ‐Ｄ＆Ｄ』有斐閣、２０１５年
☆白石大介『対人援助技術の実際―面接技法を中心に』創元社、１９８８年
☆武田建『カウンセリングの理論と方法』理想社、１９６７年
☆武田建『カウンセラー入門―多角的アプローチ』誠信書房、１９８８年
☆武田建『人間関係を良くするカウンセリング―心理・福祉・教育・看護・保育のために』誠信書房、２００４年
☆武田建『やる気を育てる子育てコーチング』創元社、２０１０年
☆武田建・立木茂雄『親と子の行動ケースワーク』ミネルヴァ書房、１９８１年
☆武田建・中俣恵美・出田めぐみ『理学療法士（ＰＴ）作業療法士（ＯＴ）のための治療心理学――患者によりそう行動アプローチ』創元社、２０１４年
☆武田建・米沢普子『里親のためのペアレントトレーニング』ミネルヴァ書房、２０１４年
☆津田耕一『施設に問われる利用者支援』久美出版、２００１年

☆津田耕一『利用者支援の実践研究―福祉職員の実践力向上を目指して』久美出版、２００８年
☆仲村優一『ケースワーク』誠信書房、１９６４年
☆野口啓示『むずかしい子を育てるペアレント・トレーニング』明石書店、２００９年
☆野口啓示『むずかしい子を育てるコモンセンス・ペアレンティング・ワークブック』明石書店、２０１２年
☆野口啓示『むずかしい子を育てるペアレント・トレーニング　思春期編』明石書店、２０１５年
☆Ｆ・Ｐ・バイステック『ケースワークの原則―よりよき援助を与えるために』田代不二男・村越芳男訳、誠信書房、１９６５年
☆Ｆ・Ｐ・バイステック『ケースワークの原則―援助関係を形成する技法』〔新訳改訂版〕尾崎新・福田俊子・原田和幸訳、誠信書房、２００６年
☆平岡蕃「対人援助サービスとその過程」平岡蕃・宮川和君・黒木保博・松本恵美子編著『対人援助―ソーシャルワークの基礎と演習』ミネルヴァ書房、１９８８年
☆深田博己『インターパーソナルコミュニケーション―対人コミュニケーションの心理学』北大路書房、１９９８年
☆ボーディン、エドワード・Ｓ『心理学的カウンセリング理論と実際』森野礼一・斉藤久美子訳、岩崎学術出版社、１９６９年
☆本多勇「利用者‐援助者関係のバランス」児島亜紀子編著『社会福祉実践における主体性を尊重した対等な関わりは可能か―利用者‐援助者関係を考える』ミネルヴァ書房、２０１５年、１８０‐１９１頁
☆宮下照子・免田賢『新行動療法入門』ナカニシヤ出版、２００７年
☆山上敏子『方法としての行動療法』金剛出版、２００７年
☆山上敏子・下山晴彦ｗｉｔｈ　東大・下山研究室『山上敏子の行動療法講義』金剛出版、２０１０年
☆山本裕子「バイスティックの7原則を現代から考察する―継承と発展を鍵概念として」『西南学院大学人間科学論

集』第9巻第2号、２０１４年、１６７-１７８頁

欧文

☆Bandura, A. ed., *Psychological Modeling*. Aldine-Atherton, Inc., 1971.〔原野広太郎・福島脩美訳『モデリングの心理学』金子書房、１９７５年〕
☆Bandura, A., *Social Learning Theory*. Prentice Hall, Inc., 1977〔原野広太郎監訳『社会的学習理論』金子書房、１９７９年〕
☆Mazur, J. E., *Learning and Behavior*. Prentice Hall, Inc., 1994〔磯博行・坂上貴之・川合伸幸訳『メイザーの学習と行動』二瓶社、１９９６年〕
☆Wolpe, J., *The Practice of Behavior Therapy*. Pergamon Press, 1973

あとがき

著者の私たちは兵庫県西宮市の関西学院大学というキリスト教主義の大学で社会福祉学を学びました。その起源は、我が国ケースワークの父でありクリスチャンでもある竹内愛二《たけうちあいじ》先生の文学部社会事業学科です。したがって、神父であるバイステックが書いた『ケースワークの原則』に共感しやすい背景を学生時代から経験してきたような気がします。そのことが我々の働く領域や形態は異なっても、社会福祉の実践にあたって共通の考え方をもつようにさせたのでしょう。

津田は、長いあいだ障害者福祉の施設で働いてきました。そうした活動の中で、バイステックが説く「ケースワークの原則」を尊重しながら、より幅の広い社会福祉の実践を積み重ねてきました。武田は、長い北米での留学生活で、大学院での勉強だけでなく、さまざまな実践と訓練を経験しました。そして、帰国後も母校で教えながら、総合病院の神経科で週二日社会福祉の実践をする機会が与えられました。

時が経ち、私たちは関西福祉科学大学の社会福祉学部で、同僚として社会福祉の理論と方法を教えることになりました。共に学び、講義し、実践を重ねる中から、バイステックを縦軸として、そこに何本かの横軸をからませるようになりました。

したがって、本書の太い軸はバイステックの社会福祉の価値であり、態度でありますが、精神分析や行動アプローチなどがあちこちに顔を出します。できるだけやさしく、分かりやすく記述したのですが、紙数の都合でそれらの理論と方法を十分に紹介できなかったところもあるかと思います。ただ、本書は社会福祉実践の入り口です。読者が本書をスタートラインとして、より深く、より広い理論と方法を身につけて、クライエントの援助を行なって下さることを願っています。

なお、序章、1章、2章、3章、6章、7章の1と終章は津田が、4章、5章、7章の2、3、4を武田が執筆しました。

本書の出版にあたっては、誠信書房の松山由理子さんに内容の点検をはじめ、さまざまな建設的なご意見をいただきました。関西学院大学の芝野松次郎先生には行動アプローチの理論について多くの教えを賜りました。堺市保健福祉総合センターケースワーカー高城大氏にも貴重なご意見を頂戴いたしました。心から御礼を申し上げます。

本書がこれから社会福祉を学ぶ学生諸君と多くの実践家のお役に立つことを心から願っています。

２０１６年４月20日

著者

わ行

た行

な行

は行

ま行

や行

ら行

索　引

執筆者紹介

武田　建（たけだ　けん）

1932年生まれ
1954年　関西学院大学文学部社会事業学科卒業
1956年　関西学院大学大学院教育心理学専攻前期課程修了
1958年　トロント大学大学院社会福祉専攻前期課程修了
1962年　ミシガン州立大学大学院カウンセリング心理学専攻後期課程修了（Ph.D.）
1962年以降
　関西学院大学社会学部専任講師、助教授、教授、学部長、学長、理事長、関西福祉科学大学教授を経て、
現　在　関西学院大学名誉教授、関西福祉科学大学名誉教授
専　攻　社会福祉学・臨床心理学
著　書　『カウンセラー入門――多角的アプローチ』1984、『コーチング――人を育てる心理学』1985、『心を育てる――パーソナリティとしつけ』1985、『カウンセリングの進め方』1992、『人間関係を良くするカウンセリング――心理、福祉、教育、看護、保育のために』2004、以上　誠信書房、「最新コーチング読本―コーチの心理学」1997 ベースボールマガジン社、『武田建のコーチングの心理学』2007 創元社、ほか多数。

津田　耕一（つだ　こういち）

1961年生まれ
1984年　関西学院大学社会学部卒業
1993年　関西学院大学大学院社会学研究科博士前期課程修了
2013年　博士（臨床福祉学）
現　在　関西福祉科学大学教授
専　攻　障害者福祉・ソーシャルワーク
著　書　『福祉現場OJTハンドブック――職員の意欲を引き出し高める人財育成』2014、『福祉職員研修ハンドブック―職場の組織力・職員の実践力の向上を目指して』2011、以上　ミネルヴァ書房、『利用者支援の実践研究――福祉職員の実践力向上を目指して』2008、『施設に問われる利用者支援』2001、以上　久美出版。

ソーシャルワークとは何《なに》か
——バイステックの7原則《げんそく》と社会福祉援助技術《しゃかいふくしえんじょぎじゅつ》

2016年5月20日　第1刷発行
2024年6月20日　第5刷発行

著　者　武田　建
　　　　津田耕一
発行者　柴田敏樹
印刷者　田中雅博

発行所　株式会社　誠信書房
〒112-0012　東京都文京区大塚3-20-6
電話　03（3946）5666
https://www.seishinshobo.co.jp/

印刷／製本：創栄図書印刷(株)
検印省略　落丁・乱丁本はお取り替えいたします
ISBN 978-4-414-60333-0 C3036　Printed in Japan